Die Bilder der Bibel von Sieger Köder

Gertrud
Widmann
(Hrsg.)

Die Bilder der Bibel von Sieger Köder

Erschließende
und meditative
Texte

Schwabenverlag

VERLAGSGRUPPE PATMOS

PATMOS
ESCHBACH
GRÜNEWALD
THORBECKE
SCHWABEN

Die Verlagsgruppe
mit Sinn für das Leben

MIX
Papier aus verantwortungsvollen Quellen
FSC® C028513
FSC
www.fsc.org

Für die Schwabenverlag AG ist Nachhaltigkeit ein wichtiger Maßstab ihres Handelns. Wir achten daher auf den Einsatz umweltschonender Ressourcen und Materialien. Dieses Buch wurde auf FSC®-zertifiziertem Papier gedruckt. FSC (Forest Stewardship Council®) ist eine nicht staatliche, gemeinnützige Organisation, die sich für eine ökologische und sozial verantwortliche Nutzung der Wälder unserer Erde einsetzt.

Hardcover
ISBN 978-3-7966-0791-2
14. Auflage 2012

Paperback
ISBN 978-3-7966-1181-0
4. Auflage 2012

www.schwabenverlag-online.de

Umschlaggestaltung: Finken & Bumiller, Stuttgart
Druck: Süddeutsche Verlagsgesellschaft, Ulm
Hergestellt in Deutschland

TOLLE
LEGE

—

NIMM
UND
LIES

Tolle lege – Nimm und lies

Tolle lege – Nimm und lies. Zu einer Zeit, in der Augustinus zweifelte und sich über seinen Weg und seine Berufung im Unklaren war, saß er im Garten hinter einer hohen Mauer. Dort hörte er Kinder, die sich in ihrem Spiel »Tolle – lege« zuriefen, vielleicht vergleichbar mit einem Auszählreim. Augustinus fühlte sich angesprochen. Ob dieser Satz: Tolle lege – übersetzt: Nimm und lies – ihm galt? Wahllos schlug er die Bibel auf und hatte den Römerbrief vor sich, der ihn so ansprach, daß er den Beginn seiner Umkehr auslöste.

Seit Erscheinen der Bibel mit Bildern von Sieger Köder wurde immer häufiger nach erschließenden Texten zu diesen Bildern gefragt. Nach einem ersten Zögern ist der Verlag diesem Wunsch nachgekommen. Die Bilder der Bibel werden gezeigt, und jedem Bild steht ein Text gegenüber, der das Bild mehr meditiert und erschließt, weniger es erklärt oder interpretiert. Die 27 Autorinnen und Autoren, die der Einladung gefolgt sind, ihre Empfindungen und Assoziationen, ihre Erfahrungen und Gedanken aus der Begegnung mit den jeweiligen Bildern aufzuschreiben, haben einen besonderen Zugang und eine besondere Beziehung zu Sieger Köder und seinen Werken. Sie sind Weggefährtinnen und Weggefährten auf dem künstlerischen, geistlichen oder auch freundschaftlichen Weg mit dem Maler und Pfarrer. Gemeinsam ist ihnen, daß sie nicht zuerst gelesen, sondern gesehen, hingeschaut und angeschaut haben. »Ich habe diese Bilder gemalt, über sie schreiben, das müssen dann schon andere tun, wenn es sein soll«, hat Sieger Köder immer wieder gesagt. »Und merkt euch, Bilder sind zum Sehen da.«

»Nimm und sieh« ist deshalb auch für dieses Buch der erste Schritt, um die Botschaft der Bilder zu »hören«, sie zu empfangen. Wer sich darauf einläßt, wird spüren, daß sie auch in ihr oder ihm zu sprechen, zu dichten beginnen. In jeder und jedem werden sich meditative Gedanken einstellen, so daß jede und jeder einen eigenen Text schreiben könnte. Die hier wiedergegebenen Besinnungen mögen dann weiterführen, bestärken oder den Widerspruch wecken, zum Gespräch einladen und zum Impuls werden, ein zweites Mal hinzuschauen, dahinterzusehen, Neues zu entdecken.

Gertrud Widmann

Altes Testament

Eine kräftige Hand kommt ins Bild, die Handfläche wendet sich uns zu. Im ersten Moment fällt nichts dabei auf. Dann aber ein Blick auf die Handlinien, die ein wenig anders aussehen als unsere eigene Handfläche. Dort, wo wir bei uns die »Lebenslinie« finden, sieht man einen kleinen griechischen Buchstaben, das Alpha, der Anfang des griechischen Alphabets. Alpha und Omega, Anfang und Ende, das Alpha setzt einen Anfangspunkt, mit dem Alpha geht es los.

»Im Anfang schuf Gott den Himmel und die Erde« – aus was bestehen unser Himmel und unsere Erde? Man sieht es aus den Fingern herausgleiten: ein Atom, der Grundbaustein der Materie. Die gesamte Materie besteht aus diesen »a-tomoi«, »un-teilbaren« Teilchen, die seit Ende der vierziger Jahre doch teilbar sind; mit welchen Konsequenzen, braucht hier nicht erläutert zu werden. Die Elektronen kreisen auf ihren Bahnen um den Atomkern wie die Planeten um die Sonne. Ein winzig kleines Sonnensystem, unzählige Male vorhanden in einem Staubkorn. Und alles besteht aus diesen winzigen Sonnensystemen: die unbelebte Natur, die Pflanzen und Tiere und schließlich auch wir, die Menschen, die Krone der Schöpfung – hoffentlich!

Nun ist auch klar, wem die Hand gehört. Es ist die Hand Gottes, die Hand, mit der und aus der alles geschaffen wurde; die Hand als Symbol der Arbeit und als Bild der Geborgenheit. In diese offene Handfläche kann man etwas hineinlegen, man kann darin etwas schützen, bergen und verbergen.

Das Bild ist der Beginn des Hohenberger Schöpfungsfensters. Auf ihm hat Sieger Köder die Schöpfung so dargestellt, wie sie die heutige Theologie sieht, als Evolution – Teilhard de Chardin erklärt sie uns so. Das Fenster endet ebenfalls mit einer Handfläche, dann mit einem Omega. Gott ist Anfang und Ende, alles spielt sich in den Händen Gottes ab – eigentlich ein schönes Bild von der Geborgenheit der Schöpfung in Gott.

H. S.

Schöpfung
Glasfenster Hohenberg
Im Anfang schuf Gott
den Himmel und die Erde (Gen 1)

Der Maler sieht die Welt zunächst im Sinne der Naturwissenschaft als eine Evolution: Aus einem Uranfang, einem glühenden Atomkern ähnlich, entwickelte sich der Kosmos, auch unsere Erde samt ihren Meeren, Gebirgen, Pflanzen und Tieren. Für den Maler-Theologen ist dies ein Wunder: Aus Materie entsteht Leben, aus Leben wird Geist, der zum vollen Menschsein erwacht im liebenden und geliebten »Du«. Vom Glauben her wissen wir: Es ist Gott, bildlich gesprochen die Schöpferhand Gottes, die alles wie aus einem Chaosmeer ans Licht schiebt. Dabei entläßt Gott den Menschen großzügig in eine Freiheit, die allerdings zu einer verführerischen Macht werden kann. Die Schlange im Bild ist Sinnbild dafür.

Die Folge – und hier denke ich über das Bild hinaus – der Mensch der ersten Evolution steuert immer mehr dem Abgrund zu, der Vernichtung seiner selbst und der Erde. Der Gefahr entreißen kann uns nur eine zweite Evolution, die im Wesen des Menschen grundgelegt, im Bild »Schöpfung« diskret angedeutet ist: die Entwicklung eines neuen Denkens und Liebens. Marc Chagall sagt: »Die Welt kann nur gerettet werden durch die Liebe. Ohne Liebe stirbt sie.« Das Entscheidende wird sein, wie menschlich und zärtlich wir miteinander umgehen, nicht nur in einer Zweierbeziehung, sondern, durch diese bestärkt, auch mit unserer Um-Welt, die im Grunde unsere Mit-Welt ist .

Die Schöpferhand Gottes schuf einst einen Garten wie ein Paradies. Der Mensch sollte diesen Garten schützen und pflegen. Er ist auf und daran, aus ihm eine Wüste zu machen. Wie der Schöpfer am Anfang müssen auch wir uns wieder als Gärtner verstehen: die Schöpfung nicht beherrschen und ausbeuten, sondern sie kultivieren; dabei gerade den ungezählten schwachen Kreaturen zu Lebensraum und Lebensentfaltung verhelfen.

Und eine Evolution des Glaubens tut not, wie Teilhard de Chardin sie in seiner Vision »Gott alles in allem« geschaut hat.

Der Maler weist darauf hin in den zwei Fingern der Schöpferhand Gottes im Stein. Gott in der Materie! Gott auch im Stein! Gott überall in der Welt! Der Gefangene Alfred Delp atmet auf: »Laßt uns dem Leben trauen, weil wir es nicht allein zu leben haben, sondern Gott es mit uns lebt.« Mit Gott zusammen, und nur mit ihm, kann eine zweite Evolution gelingen. Die Hand des Schöpfers bietet sich an. Durch sie ist die Schöpfung eins, gehören alle Wesen zusammen. Es liegt an uns, ob die Erde wieder das wird, was der Schöpfer einst mit ihr geplant hat: ein Garten des Friedens, ein Wein-Garten, ein Rosen-Garten, ein Garten der Liebe. Im Bild hat diese Zukunft schon begonnen. Die Frage ist nur, ob auch *wir* im Bilde sind. *T. S.*

Schöpfung
Und Gott sah alles an,
was er gemacht hatte,
und es war sehr gut (Gen 1)

Zu allen Zeiten hat ein Regenbogen etwas Faszinierendes an sich: das Spiel der Farben, das weite, fast unbegrenzt scheinende Ausgespanntsein, Himmel und Erde verbinden. Ein Regenbogen erscheint nicht aus heiterem Himmel, sondern oft nach Regen, Gewitter, Blitz und Donner, hineingemalt meist in dunkle Wolken.

Und die Geschichte des Noach mit Arche, Flut, Untergang und Regenbogen, sie ist Bild und Abbild täglich erlebter und erfahrener menschlicher Geschichte. In dieser Welt gibt es Ereignisse und Katastrophen, die über die Menschen hereinbrechen, gibt es Tod und Tote, gehen Völker und Städte unter und werden durch den Strudel verhängnisvoller Verstrickungen hinuntergerissen oder einfach weggeschwemmt.

Das Noach-Bild übersieht diese Untiefen nicht, verschweigt nicht, daß es eine Flut von schrecklichen Ereignissen gibt, die Menschen in den Tod stürzen, die sintflutartig über sie hereinbrechen, verschuldet oder unverschuldet. Weltuntergangsstimmung macht sich breit, Todesnachrichten überschwemmen die Welt, Hoffnungszeichen sind rar.

Die Botschaft des Noach hält dagegen. In aller Frage nach dem Warum dieser Schrecken, in aller Sinnlosigkeit von Untergang und Leiden, in aller Depression angesichts gnadenloser Überschwemmungen traut Noach seinem Gott. Dieser kann nicht gezeigt und nicht gezeichnet, nicht gemalt und nicht abgebildet werden. Aber der Ich-bin-da wirkt, schafft, schenkt neues Leben und neue Hoffnung. Seine Treuezusage und die Verheißung einer Zukunft in allem Dunkel – davon kündet der Regenbogen, der Himmel und Erde verbindet, der bis in die tiefsten Tiefen reicht und alles einschließt, bergend, schützend, belebend. Noachs Gott schenkt ein Haus, das auf einem mächtigen Felsen verankert ist, es hält stand, auch wenn die Stürme und Fluten noch so toben. Gott ist Heimat, Arche, Halt und Grund. Wer auf ihn setzt, baut nicht auf Sand, der mit dem Kommen der Flut einfach weggespült wird. Noachs Glaube an die Zukunft, an diese alte und bleibende Lebensverheißung ist nicht zu machen und zu schaffen, er kommt nicht aus ihm selbst. Dieser Glaube ist Geschenk des menschenfreundlichen Gottes. Der Regenbogen spiegelt sich im Gesicht des Noach und auf seinem Haus. Gott schenkt ihm dieses Zeichen: Ich lasse dich nicht untergehen. Die Unglückspropheten – stürzen sie ab? Eine neue Botin der Hoffnung zeigt sich: die Taube – das erste Mal noch mit keinem sichtbaren und erkennbaren Zeichen, das aufatmen ließe. Noach hält weiter Ausschau und sieht die Taube ein zweites Mal: mit dem grünen Olivenzweig – Botschaft von Rettung und Frieden, Grund, die Arme auszubreiten und dankbar aufzunehmen, was sie verkündet: Das Leben hat gesiegt. Und die Taube fliegt ein drittes Mal, fliegt aus dem Bild und über Noachs Geschichte hinaus und wird Wegweiserin in eine neue Zukunft für jetzt und heute. Sie lenkt den Blick nach vorne und nach oben zum Regenbogen. Er bleibt das Versprechen Gottes: Friede ist zwischen mir und euch: Ich bleibe euch verbunden. *W. T.*

Sintflut
Am Abend kam die Taube wieder (Gen 8)

Ein Mensch, einsam in der Wüste, unterm sternübersäten Himmelszelt, einfach gekleidet, um den Kopf den Talit, den Gebetsschal der Juden. So steht er da: den Blick zum Himmel gerichtet, den Mund leicht geöffnet im Gebet, die Arme ausgestreckt nach unten. Ein Anflug von Staunen. Die riesigen Hände sind leer, halten sich an nichts fest, Hände eines Menschen, der alles gelassen, alles verlassen hat, bereit und offen für das Unfaßbare.

Das Braun der Wüste und das Blau des Alls berühren sich in hartem Kontrast. Der Mensch, das Geschöpf, ist braun wie Erde, doch er ragt hinaus über den Bereich des Endlichen. Das Grün, die Farbe der Hoffnung, durchbricht die Grenzlinie zwischen oben und unten. Die aufschauende Haltung zieht unseren Blick nach oben, ins Unbegrenzte.

Das Bild zeigt einen Menschen im Angesicht des Unendlichen und Ewigen. Es zeigt Abraham, den Stammvater Israels, unter der Zusage, dem Anspruch, der Verheißung Gottes: »Schau zum Himmel hinauf und zähle die Sterne ... So zahlreich werden deine Nachkommen sein.« Gott, der Herr, der Abraham geboten hat, seine Heimat zu verlassen und sich auf den Weg zu machen, Jahwe, der Abraham zum Himmel aufsehen heißt, er selbst wird bildlich nicht dargestellt. Und doch ist er, der Ansprechende, im Bild wahrnehmbar.

Von Gott können und dürfen wir uns kein Bild machen. Aber die Gestalt Abrahams läßt etwas aufscheinen von Gottes Wesen. Im Aufsehen, in der Hingabe, im grenzenlosen Vertrauen, im Glauben des Angesprochenen, kommt Gott, der Andere zur Sprache und zu Gesicht.

Zugleich kommt aber auch etwas vom Wesen des Menschen zum Ausdruck. Die Bibel sieht und beschreibt den Menschen aus seinem Bezug zu seinem Schöpfer. Die Würde des Menschen gründet in seiner einzigartigen Gottesbeziehung. Gott hat den Menschen als sein Ebenbild geschaffen. Jedes menschliche Antlitz spiegelt daher etwas wider von Gottes Herrlichkeit, so wie das Gesicht Abrahams das wunderbare Licht widerspiegelt, das die Nacht erhellt.

Gerade in unserem Jahrhundert, in dem trotz aller Proklamationen die Würde des Menschen auf schändliche, entsetzliche Weise verletzt wurde und wird, ist auf dieses Menschenbild zu verweisen. Den Menschen von seiner Gottesbeziehung her verstehen, heißt verstehen, daß der Mensch ungleich mehr ist als das, was er kann und hat, daß er auch nicht aufgeht in den zwischenmenschlichen Beziehungen, daß das Geheimnis des Menschen im tiefsten an das Geheimnis Gottes rührt.

Das Bild von Abraham ist ein Bild des Glaubens. Im Glauben vollzieht und verwirklicht der Mensch sein inneres Wesen. Denn Glauben heißt: in der Nähe Gottes, vor dem Antlitz des Allmächtigen stehen, das Leben wagen im staunenden Vertrauen auf Gottes wirkmächtige Verheißung, offen, bereit, wie Abraham. *W. K.*

Abraham. Die Nacht von Hebron

Schau zum Himmel hinauf
und zähle die Sterne (Gen 15)

Dieses Bild ist im Wasseralfinger Altar die linke Tafel der geschlossenen Bildfront – ein Bild für den Jahreskreis im Kirchenjahr.

Am Tisch, beinahe zu Füßen seiner drei Besucher, mit blauem Schal Abraham, die Augen nach oben gerichtet, Ausschau haltend in die Zukunft hinein, die ihm von den drei Besuchern angesagt wird: »In einem Jahr ... wird deine Frau Sara einen Sohn haben«(Gen 18,10). Die zuhörende Sara sitzt in der Bildtafel links unten.

Das aufblühende Leben, von dem die Männer sprechen, die Gottesverheißung, ist dargestellt im grünen Blätterwerk der Eichen von Mamre, die sich knospenartig in der oberen Bildmitte zu einem »brennenden Dornbusch« verdichten.

Wer sind die drei Männer? Die Bibel sagt: »Der Herr«. Sieger Köder stellt drei Gesichter dar: das erste hinter einem Tuch verborgen – der Deus absconditus, d.h. der Gott, der sich vor den Menschen verbirgt, der im Dunkel bleibt, der sich als Mysterium tremendum dem Zugriff des Menschen entzieht und doch aus der Verborgenheit heraus den Menschen anspricht. Die rechte Hand der verhüllten Gestalt unterstreicht mit ihrer Geste das biblische »So spricht der Herr!«

Das mittlere Gesicht hat die Verhüllung, das Velum, halb zur Seite geschoben. Es ist der Deus revelatus, d.h. der Gott, der teilweise aus seiner Verborgenheit herausgeht und sich dem Menschen zu erkennen gibt. Das eine Auge als Gottessymbol, auf dem Tisch Brot und von der mittleren Person gehalten der Becher mit Wein – Hinweis auf religiöse Symbole, in denen sich Gott zu erkennen gibt. Der Deus revelatus zeigt sich in der Person dessen, von dem das Johannesevangelium sagt: »Niemand hat Gott je gesehen. Der einzige, der Gott ist und am Herzen des Vaters ruht, er hat Kunde gebracht«(Joh 1,18).

Die dritte Person, ein schwarzhäutiger Mann, einer aus der »Dritten Welt«, aus den »unterentwickelten Völkern«. Sein vom Aussatz zerfressener Arm ist eingebunden, unter der Wolldecke der zum Skelett abgemagerte Oberkörper. Damit ist angedeutet der Gott, dem wir in den Ärmsten der Armen begegnen. »Ich war hungrig, durstig, nackt, obdachlos« (Mt 25,35ff.).

Ein Mensch von heute, wenn er offen und hörbereit ist wie Abraham, kann Gott begegnen und Erfahrungen mit ihm machen, sei es in den Rätseln und Fragen des Daseins (erstes Gesicht), sei es in der Beschäftigung mit Person und Botschaft Jesu Christi (zweites Gesicht), sei es im Einsatz für Gerechtigkeit und Menschenwürde (drittes Gesicht).

Die drei Männer, die Abraham besuchen, werden in der Kunst teilweise als Engel dargestellt und in der Ostkirche als Dreifaltigkeit gedeutet. Sieger Köder hat eine moderne theologische Aussage über Wesen und Wirken Gottes in der Welt von heute ins Bild gebracht. Zugleich erfährt der Betrachter: wo ein Mensch offen ist für Gott und nach oben schaut, findet er auch Gottes Spuren und Zeichen in seiner Welt und in seiner Umgebung. *H. N.*

Abraham bei den Eichen von Mamre
Wasseralfinger Altar
Da standen drei Männer vor ihm (Gen 18)

Dieses Bild ist im Wasseralfinger Altar Teil der Tafel Abraham bei den Eichen von Mamre (vgl. S. 19). In der linken unteren Bildhälfte der geschlossenen Bilderfront erkennt man Sara am Eingang des Zeltes, vergnügt in sich hineinlachend, wenn sie hört, worüber die Männer im Zelt reden. Ist es typisches Männergeschwätz, das sie mitanhören muß? Sieht man ihr das Alter nicht an? Wissen sie nicht, daß es einer Frau, die in die Jahre gekommen ist, nicht mehr geht, wie es Frauen zu gehen pflegt? Soll sie noch das Glück der Liebe erfahren dürfen, wo doch »ihr Herr« auch schon ein alter Mann ist?

Sara schließt die Augen. Sie horcht und schaut in sich hinein: Sollte es doch noch möglich sein, daß sich in ihrem Schoß Leben regt? Schön wäre es ja! Sara träumt und schüttelt lachend den Kopf: Verrückte Vorstellung von einer alten Frau und doch: eine heimliche Sehnsucht bleibt bestehen. Vielleicht deshalb ihre große rechte Hand, die sich schützend, tastend, träumend über ihren Leib legt. Bei Gott ist ja kein Ding unmöglich! Warum soll eine alte Frau wie Sara nicht von einem Kind träumen dürfen? Menschen mit einer Vision wirken jung, ganz gleich, wie alt sie sind.

Spiegelt nicht Saras Gesicht etwas von solcher Jugendlichkeit wider, die aus dem Glauben kommt? Trägt sie nicht den unvergänglichen Schmuck, der wertvoll ist in Gottes Augen – das sanfte und ruhige Wesen der Frau? (Vgl. 1 Petr 3,5) Sören Kierkegaard sagt von ihr: »Da war Freude in Abrahams Haus, als Sara am Tag der Goldenen Hochzeit Hochzeit hielt.« *H. N.*

Da lachte Sara (Gen 18)
Wasseralfinger Altar

Ich, Jakob, hatte einen Traum.
Ich sah Steinwände sich öffnen wie Hände.
Treppen stiegen empor zwischen steilen Felsen.
Ich lag und staunte,
niemand war da.
Ich hörte die Stille,
schaute das tiefe Blau.
Niemand war auf der Treppe,
die Stille stand zwischen den Felsen
wie Flügel.
Ich, Jakob, war allein,
die Treppe über mir ganz in der Mitte.
Niemand sah ich,
doch wurde mir alles versprochen.
Ich, Jakob, hatte einen Traum,
ich hörte die Stille,
ich war beschüzt durch Jahwe,
meinen Löser,
ich sah die Nachkommen
wie Sand am Meer.

W. H.

Jakobs Traum
Da träumte ihm,
eine Leiter sei auf die Erde gestellt (Gen 28)

Die Ereignisse in der Josefsgeschichte haben sich zugespitzt. In Benjamins Getreidesack wurde Josefs silberner Becher gefunden. Sklave Josefs soll er werden. Damit wird das Schicksal seinen Lauf nehmen und den greisen Jakob vor Gram in die Unterwelt bringen. Da kann Josef nicht mehr an sich halten. Er gibt sich seinen Brüdern zu erkennen. »Ich bin Josef, euer Bruder, den ihr nach Ägypten verkauft habt« (Gen 45,4).

Eine dramatische Szene voller Bewegung! Das Wort trifft die Brüder wie ein Blitz. Es verschlägt ihnen die Sprache. Blankes Entsetzen packt sie. Da hilft auch nicht, die Hände vor das Gesicht zu halten und zu versuchen, sich aus dem Staub zu machen. Die Brüder sind erkannt und entlarvt. Offenkundig ist ihre Bosheit. Als »ehrliche Leute« (Gen 42,11) hatten sie sich ausgegeben. Aber ihre Ehrlichkeit ist nicht weit her. In die Sklaverei haben sie ihr eigenes »Blut«, den Bruder, verkauft, der nun vor ihnen sitzt. Alles zeugt gegen sie.

Leuchtend rot ist Josef gekleidet. Ist es das königliche Rot? Hat sich Josefs Traum erfüllt? Gekrönt ist er, König über seine Brüder. Ist es das blutigrote Kleid, das die Brüder ihrem Vater vorlegten und sagten, ein wildes Tier habe Josef getötet? Signalisiert das Rot Liebe? Josef liebt seine Brüder nach wie vor. Hätte er sie sonst bei ihrem ersten Besuch in Ägypten mit prallvollen Getreidesäcken und großherzig beschenkt heimgeschickt? Das Liebesrot steht im Kontrast zur Blutschuld der Brüder. Josef vergilt ihnen ihre Bosheit mit Liebe. Das erlösende und freisprechende Wort fällt: »Jetzt aber laßt es euch nicht mehr leid sein, und grämt euch nicht, weil ihr mich hierher verkauft habt. Denn um Leben zu erhalten, hat mich Gott vor euch hergeschickt« (Gen 45,5). Der letzte Schleier lüftet sich. Gott hat bei allem seine Hand im Spiel gehabt. Den Wirrnissen zum Trotz und bei aller menschlichen Schuld will Gott »im Lande einen Rest« (Gen 45,7) erhalten. Damit ist der Bann gebrochen, der Bruch geheilt. Josef und Benjamin liegen sich in den Armen und weinen. Und so sagt Josef: »Fürchtet euch nicht! Stehe ich denn an Gottes Stelle? Ihr habt Böses gegen mich im Sinn gehabt, Gott aber hatte dabei Gutes im Sinn, um zu erreichen, was heute geschieht: viel Volk am Leben zu erhalten. Nun fürchtet euch nicht! Ich will für euch und eure Kinder sorgen« (Gen 50,19ff.).

Das ist das Schlüsselwort der Josefsgeschichte. Im Planen und Handeln der Menschen wirkt Gott auf eine Weise, die Leben bewahrt. Auch das hat Sieger Köder gemalt: In der Josefsgeschichte zeigt sich die unendliche Menschenfreundlichkeit Gottes. Gott geht so weit, daß die Bosheit der Brüder zur Notwende wird. Durch Josefs Weitsicht, für die Hungerjahre Vorräte zu sammeln, ist das Leben der Ägypter wie das Leben der Sippe Jakobs gleichermaßen gesichert. Gott hat Josef zum sorgenden »Vater« für den Pharao, für seinen eigenen Vater und für die gesamte Familie gemacht. Das bewahrende Wirken Gottes, verborgen hinter vordergründigem menschlichem Handeln, macht allen Haß und alle Lüge zunichte. Wieder einmal mehr bewahrheitet sich das Wort: Gott schreibt gerade auch auf krummen Zeilen. *K. G.*

Ich bin Josef, euer Bruder (Gen 45)

In derselben Nacht ...«, so erzählt das Buch Genesis (32,23): es ist die Nacht, da Jakob im Begriff ist, den Grenzfluß Jabbok zu überschreiten, der ihn vom Gebiet seines Bruders Esau trennt. Vor Esau war er ja geflohen – Jakob, der Betrüger, der seinen Bruder mit List und Tücke ums Erstgeburtsrecht gebracht hat. In der Fremde hatte er bei seinem Onkel Laban gedient und es zu Reichtum und Besitz gebracht. Aber Jakob will aus dem Exil ins verheißene Land zurück. Mitsamt seinem Besitz und seiner stattlichen Familie macht er sich auf den Heimweg. Wie wird ihm Esau begegnen? Sinnt er noch auf Rache? Wird er sich besänftigen lassen? Jakob ahnt, daß er mit seiner bisherigen Art, das Leben in den Griff zu nehmen, nicht mehr weiterkommt. Er kommt an seine Grenzen. Bevor er den Grenzfluß überschreitet, hält er inne und bleibt zurück. Jakob steht an dem entscheidenden Grenzübergang seines Lebens.

In der Nacht des Übergangs hat Jakob alles losgelassen. Er schafft alles, was ihm gehörte, über den Fluß, und nur er bleibt zurück. Warum? Spürt er, daß er sich endlich sich selber stellen muß? Es kommt wie ein Überfall über ihn. Wer ist der Unbekannte, der ihn da überfällt und ihn in einen Kampf auf Leben und Tod verwickelt? Ist es der eigene Schatten, mit dem Jakob kämpft? Er schafft es nicht, sein Gegenüber in den Griff zu bekommen; er muß sich zum erstenmal geschlagen geben. Er muß sich der Wahrheit seines Lebens stellen, daß er ein Betrüger ist. Und indem er anfängt, zu seinem Schatten zu stehen, ist er ein anderer geworden. »Nicht mehr Jakob wird man dich nennen, sondern Israel« (V.29).

Mit wem hat er gerungen? Im nachhinein weiß er: es ist Gott selber, der sich ihm in den Weg gestellt hat und ihn gezwungen hat, sich zu stellen. »Ich habe Gott von Angesicht zu Angesicht gesehen«, stammelt Jakob – und das dunkle Gesicht, in das er fragend schaut, ist nicht das eines Rächers, es strahlt mit seinen tiefen Augen Güte aus. Und die Hände packen nicht brutal zu – sie scheinen eher zu halten und zu tragen. Jakob selbst will den Widersacher gar nicht loswerden; er klammert sich an ihm fest, ja er sinkt vor ihm auf die Knie wie ein Betender. »Ich lasse dich nicht – du segnest mich denn« (V.27). Im nächtlichen Ringen lernt Jakob, was er bisher nie getan hat: Er bittet! Die Morgenröte des neuen Tages am Horizont wird zum Zeichen des neuen Anfangs im Leben des Jakob.

Die nächtliche Begegnung hat Jakob für sein Leben gezeichnet: als Hinkender geht Jakob aus dem Kampf hervor. Er hat eine »Schlagseite«. Er wird nicht mehr im Gleichschritt und Marschtakt der Welt mitmarschieren. Jakob wird Esau um Versöhnung bitten. Er, der bisher so Starke, wird Schwäche zeigen. Der Gott Jakobs – er ist nicht der Gott derer, die immer die Nase vorn haben, die glatt funktionieren – sondern der Gott der Hinkenden. Jakobsleute sind Menschen mit neuer Gangart: die aus der Begegnung mit Gott anders hervorgehen, als sie vorher waren: Menschen, die sich ihren dunklen Seiten stellen und um den Segen Gottes kämpfen: »Ich lasse dich nicht – du segnest mich denn!«

Th. K.

Jakobs Kampf am Jabbok
Mit Gott und Menschen
hast du gestritten (Gen 32)

Sie sollten nie enden, die Josefsgeschichten. Goethe waren sie zu kurz: »Höchst liebenswürdig ist diese natürliche Geschichte ... man fühlt sich versucht, sie in allen Einzelheiten auszuführen« (Dichtung und Wahrheit). Thomas Mann hat diesem Wunsch des Klassikers entsprochen mit der Roman-Trilogie »Josef und seine Brüder« (1933–1943). Thomas Mann wollte mit seinem Vierteiler die Brunnentiefen der Zeiten ausloten.

Sieger Köder bündelt die Josefsgeschichten durch die vielen Bilder, die in der Rotunde des Brunnens »hängen«. In dieser »Galerie« steht Josef, den Blick nach oben gerichtet. Nur von diesem Licht des Himmels kann Rettung kommen. Trotz des unverwandten Blickes läßt der Maler die Ereignisse und Episoden im Leben des Josef Revue passieren: das pharaonische Königtum im unverkennbaren Kunststil Ägyptens; die attraktive Gestalt der Frau des Potiphar, deren Faszination auf den schönen Jüngling sich im Blau widerspiegelt; der Mundschenk und Traumdeuter von den fetten und mageren Jahren, welche die politische Karriere einleitet.

Die Geschichte von Josef und seinen Brüdern ist mehr als eine »verschämte Menschheitsdichtung« (Thomas Mann). Sieger Köders Bild wäre anders ausgefallen, wenn es nur um die Sichtbarmachung des geschichtlichen Wechselspiels gegangen wäre. Diese Familiengeschichte ist eine Weisheitsgeschichte. Aufgrund der bitteren und demütigenden Erfahrungen wird Josef zu einem Mann kluger Entscheidungen und weiser Ratschläge, die aus der Furcht Gottes hervorgehen. Für den Maler fällt auch in die tiefste Zisterne das Licht. Für Josef ein Grund, nach oben zu schauen, obwohl er bis zu den Hüften im Wasser steht. Rechtschaffenheit und Folter: Josef ist zum Typos für Jesus Christus geworden. *H. F.*

Josef im Brunnen
Sie ergriffen ihn und warfen ihn
in die Zisterne (Gen 37)

Ein vielschichtiges Bild in jeder Hinsicht. Mehrere Ebenen von Zeit, Raum und Bedeutung überlagern und durchdringen sich, verdecken und eröffnen Durchblicke, verhüllen und offenbaren.

Im Zentrum und im Vordergrund, feuerrot: Mose und der brennende Dornbusch. Kein gegenständliches Vis-à-vis zwischen dem staunenden, überwältigten Viehhirten und einem beobachteten Geschehen. Mose schaut aus der Bildfläche heraus, Blick nach oben, führt den Blick des Betrachters über das gegenständliche Geschehen hinaus. Nicht nur farblich bilden Mose und der Dornbusch eine Einheit. Es ist, als stehe Mose selbst in Flammen, als brenne der Dornbusch in seinem Kopf.

Die Flammenzungen, hebräische Buchstaben, schreiben Gottes Namen: »Ich bin der ich bin da.« Gott gibt sich zu erkennen im verhüllenden Feuer menschlichen Geistes und religiöser Erfahrung. Er offenbart sich in der Geschichte als der Gott, der mit uns und bei uns ist, als der Gott des Weges und der Führung, als der allzeit Gegenwärtige, der Geschichtsmächtige, die Geschichte Umgreifende und darin als der Unbegreifliche.

Gottes Gegenwart ist die Befreiung der Menschen. Wo das Feuer seiner Liebe in uns zu glühen beginnt, da zerreißen die Fesseln der Sklaverei, da fallen die Lasten, die uns zu erdrücken drohen, zu Boden.

Die Erfahrung von Gottes Nähe ist zugleich das Vernehmen seines Rufes. Seine Gegenwart eröffnet Zukunft, ist Verheißung und darum Zuspruch und Anspruch zugleich. Gott ruft uns, die Freiheit zu leben, zu der er uns befreit hat. So gibt der Dornbusch den Blick frei für neue Wirklichkeiten und Perspektiven, aber auch Herausforderungen.

Zur Linken: der bevorstehende Auszug aus Ägypten und die mühselige Durchquerung der Wüste. Ein Weg nach oben, heraus aus der Gefangenschaft, aus der Tiefe der Qual und der Demütigung. Doch der Weg in die Freiheit ist mühsam, hat seine Durststrecke, verlangt Entschluß, Durchhaltevermögen, Gottvertrauen. Dunkel der Horizont. Der bereits durchschimmernde Ostermond jedoch läßt die Hoffnung auf die endgültige Errettung aufscheinen. Der Exodus wird zum Vorausbild des neuen Heils.

Zur Rechten: Der in der Wüste, am Sinai, geschlossene Alte Bund wird erfüllt im Neuen Bund, dem Bund, den Jesus Christus durch Kreuz und Auferstehung besiegelt hat. Sein Abstieg in das Reich des Todes wird den Menschen in der Auferweckung zur endgültigen Errettung aus dem Tod. Als Jesus starb, »riß der Vorhang im Tempel von oben bis unten entzwei« (Mk 15,38). In Jesus Christus, seinem Sohn, hat sich der Gott Israels, der »Ich bin der ich bin da«, endgültig selbst den Menschen mitgeteilt. Ein neues Zeitalter hat begonnen, eine neue Welt ist im Entstehen.

Aber wiederum sind wir selbst es, die den oft mühsamen Weg der Freiheit gehen müssen. »Zur Freiheit hat uns Christus befreit. Bleibt daher fest, und laßt euch nicht von neuem das Joch der Knechtschaft auflegen« (Gal 5,1). *W. K.*

Mose am Dornbusch
Ich bin der ich bin da (Ex 3)

Nach dem Zweiten Vatikanischen Konzil ist das Exodus-Thema neu entdeckt worden. Vor allem die lateinamerikanische Kirche hat eine »kopernikanische Wende« (Kardinal Lorscheider) vollzogen und sich auf die Seite der Armen gestellt. Die Schlüsselstelle für dieses neue Kirchenverständnis beginnt mit den Worten: »Ich habe das Elend meines Volkes in Ägypten gesehen ... Ich kenne ihr Leid. Ich bin herabgestiegen, um sie der Hand der Ägypter zu entreißen« (Ex 3,7f.).

Im Bild der Passahnacht von Sieger Köder ist diese biblische Exodusgeschichte mit der befreienden Botschaft des Glaubens für die heutigen Menschen verwoben. Wir sehen den Hausvater, wie er seine Familie versammelt hat, um das Passahmahl zu feiern. Sie essen, wie vom Herrn befohlen, das Fleisch des Lammes mit ungesäuertem Brot und Bitterkräutern. Sie essen hastig, die Hüften gegürtet, Schuhe an den Füßen. Sie rücken zusammen, die Kinder suchen bei den Erwachsenen Schutz, denn sie alle wissen, der Herr geht umher, um die Ägypter mit Unheil zu schlagen. Wir sehen den Todesengel, wie er, Leben den einen und Tod den anderen bringend, vorübergeht. Der Maler denkt dabei an die nomadischen Wurzeln des Passahfestes, als die Hirten auf ihrem Frühlingsfest ihren »Passah«, d. h. ihren Hinketanz (großer Schritt – kleiner Schritt) aufführten. Der Ostervollmond erinnert an dieses Datum; der Todesengel überspringt mit dem »großen Schritt« die hebräische Familie und verschont sie im Gegensatz zur Mutter Ägyptens, die im unteren (hier nicht abgebildeten) Teil dieser Bildergeschichte vom Wasseralfinger Altar voller Schmerz und Verzweiflung um ihre Erstgeborenen weint.

Im Kult des jüdischen Passahfestes erinnern sich die Juden seitdem an die geschichtlichen Taten Jahwes. Beim Trinken des vierten Hallelbechers – wir sehen alle vier mit Wein gefüllten Becher auf unserem Bild – soll jeder sich aber »so ansehen, als wäre er selbst aus Ägypten gezogen« (Pes. 10,5). Die Eucharistie setzt das alttestamentarische Passahmahl fort. In ihr wird »das vollendete Passahmysterium sakramental begangen: der große Aufbruch aus der Knechtschaft der Sünde in das neue Leben der Freiheit im Gedächtnis des Todes und der Auferstehung des Herrn« (Herbert Haag).

Wenn der Herr damals das Elend seines Volkes in Ägypten gesehen und ihre laute Klage über ihre Antreiber gehört hat, warum denn soll er die Klagen der Menschheit heute nicht kennen? Den Hunger der Armen, das Geschrei der hunderttausend Straßenkinder, das Stöhnen der Gefolterten! Wie bei den Propheten Amos und Jesaja nennt Gott auch uns in erschreckender Klarheit seine Prioritäten. Das Einhalten von Bußakten und Ritualen gefällt ihm nicht, wenn diese sich nicht niederschlagen in folgendem Tun: die Fesseln des Unrechts lösen, die Stricke des Jochs entfernen, die Versklavten freilassen, den Hungrigen das Brot austeilen, die obdachlosen Armen ins Haus aufnehmen, die Nackten bekleiden. Diese Grunderkenntnis, daß Gott auch mit uns ist, läßt uns aufbrechen aus Verkrustung und Verengung und läßt uns das Lied der messianischen Verheißung singen. *E. M.*

In dieser Nacht
gehe ich durch Ägypten (Ex 12)
Wasseralfinger Altar

Mirjam tanzt, sie schlägt die Pauke, die dunklen Haare schwingen im Rhythmus mit, das Kleid und ihr Körper stimmen ein in eine Bewegung. Ihr Mund und die Augen sind geöffnet, sie schaut nach oben aus dem Bild heraus, als käme von dort die Musik, die sie hört, die Dynamik, die sie aufnimmt und in Bewegung und Tanz umsetzt. Feuerfarben ist der Hintergrund vor dem sie tanzt, aus dem sie herausspringt, eher eine tiefdunkle Sonnenglut als das bedrohliche Rote Meer, eher Leben weckend als Tod bringend.

Mirjam, die Prophetin, die Schwester von Moses und Aaron, ist mit diesen beiden ihrem Volk vorangegangen aus dem Sklavenhaus Ägypten, von dem im Hintergrund des Bildes noch die Pyramiden zu sehen sind. Beim Propheten Micha heißt es in einer aufzählenden Erinnerung an die Heilstaten Jahwes: »Ich habe Mose vor dir hergesandt und Aaron und Mirjam« (Mich 6,4b). Jahwe hat durch sie Befreiung und Heil gewirkt, aus der Unterdrückung herausgeführt.

Und Mirjam singt ihr Lied für Jahwe, singt Lob und Dank, »Rosse und Wagen warf er ins Meer«. Im Gegensatz zum ausführlich tradierten Siegeslied (Ex 15,1–18), in dem das kriegerische Handeln Jahwes gerühmt wird, geht es hier um die Vernichtung der Kriegswerkzeuge und nicht der Menschen.

Mirjam nahm die Pauke in die Hand, und alle Frauen zogen mit Paukenschlag und Tanz hinter ihr her. Die Bewegung der Mirjam lädt ein. Diese Frau hat sich aufgerichtet aus Abhängigkeit und Anpassung an die Vorgaben, die Erwartungen und das Diktat anderer. Sie hat ihren eigenen Stand und ihren Rhythmus gefunden. Gott hat ihrem Volk und ihr Befreiung geschenkt, hat ihren Füßen weiten Raum gegeben. Sie hat zur Freiheit gefunden und kann die Melodie ihres Gottes hören, der sie aus der Unterdrückung herausgerufen hat, sie schwingt in seinen Rhythmus ein, die Urgebärde des Gotteslobes.

»Nehmt Gottes Melodie in euch auf«, heißt es in einem Wort des Ignatius von Antiochien. Es ist die lebenspendende Kraft Gottes, die uns anrührt, aufrichtet, herausführt aus unseren Abhängigkeiten zur Freiheit der Kinder Gottes. In ihr lernen wir mehr und mehr, seine Schwingungen aufzunehmen und darin die Melodie unseres eigenen Lebens zu entdecken, sie auszudrücken und zu tanzen – in der Kraft dessen, der uns das Leben geschenkt hat und immer wieder neu schenkt, der uns auferstehen läßt.

Wer hätte da nicht Grund zu tanzen, zu singen und Gott zu loben! *G. C.*

Mirjam

Mirjam nahm die Pauke in die Hand (Ex 15)

Das Bild zeigt zunächst die Situation Israels nach der Befreiung aus Ägypten. Das Volk befindet sich im Aufbruch, in der Wüste. Unserer Bildszene geht voraus: das Murren, das Aufbegehren der Menschen. Sie denken zurück an die »Fleischtöpfe Ägyptens«. Die Freiheit zählt inzwischen weniger als ein voller Bauch. Lieber Diktatur und Sklaverei als hungern. Gemurrt wird gegen Mose und Aaron, im stillen auch gegen Gott. Immer wenn der Erfolg ausbleibt, sind die da »oben« schuld. Gott eingeschlossen, der peinlicherweise oft (bei gewonnenen Kriegen!) mit »Erfolg« verwechselt wird. Alfred Delp schreibt aus dem Gefängnis: »Die Wüste gehört dazu. Sie haben ihren Sinn und ihren Segen, die großen leeren Räume, die den Menschen allein mit dem Wirklichen lassen.« Die Wüste kommt über jeden, die Prüfung des Glaubens. Erstaunlich, wie Gott dem Murren gegenüber geduldig und großzügig bleibt.

Und dann die Stunde des Manna! Das Bild zeigt, wie die Nacht schwindet und der Morgen aufsteigt: »Auf dem Wüstenboden etwas Schuppiges, fein wie der Reif auf der Erde.« Sie rufen staunend: »Was ist das?« Eigentlich etwas Normales, dieses Sekret der Tamariskenstaude. Das Volk aber sieht darin ein Wunder: mitten in der Wüste etwas zum Essen. Sie nannten es: Brot vom Himmel, Manna, eine Gabe von Gott. Und Israel erkennt: Die ganze Schöpfung ist ein Geschenk Gottes! »Da gingen ihnen die Augen auf«, sagt unser Bild. Und der Gebetsschal könnte ausdrücken: Es sind die Augen des Glaubens, noch mehr die Augen des Herzens.

Das Bild deutet allerdings auch an, wozu »Manna-Regen« versuchen kann, nämlich: zum Raffen, zum Horten und Sicherstellen. Gott ließ sie ausdrücklich wissen: »Sammelt davon soviel, wie jeder zum Essen braucht«, aber nicht mehr! Keine übertriebene Sorge für morgen, keine ängstliche Vorsorge für übermorgen. Einige aber hamsterten doch. Die Bibel sagt lapidar: »Und das stank.« Eine Erfahrung, die Gültigkeit hat bis zum heutigen Tag.

Wir sollten in Zeiten der Wüste vertrauen: Gott gibt, was wir brauchen. Wir bekommen unser Manna. Es ist eine Frage der »Optik«, ob wir das tägliche Manna auch sehen – in einem unerwarteten Brief, in einer herzlichen Zuwendung, in einem guten Wort, in einem Bild, einer Blume; oder in einem tief inneren Glücksgefühl, das mir sagt: Ich bin gar nicht allein. Du, Gott, bist immer und überall bei mir.

Ich fange an, die Bergpredigt zu begreifen: »Hortet euch nicht Schätze auf Erden. Sorgt euch nicht um das Morgen. So sollt ihr beten: Unser Vater! Das Brot, das wir brauchen, gib uns heute« (Mt 6). *T. S.*

Da sagten sie zueinander:
Manna? Was ist das? (Ex 16)

Ein zugleich schreckliches und schönes Bild: Gott gibt dem Volk Israel durch Mose seine Gebote. Gewaltig wie ein Vulkanausbruch erscheint hier Gottes Gegenwart: faszinierend anzusehen und zugleich lebensbedrohlich. Mose erhebt die schweren Gesetzestafeln hoch über das Volk. Wird er sie hinabstürzen und zerschmettern, wie er es aus Wut über das Goldene Kalb schon einmal getan hatte (Ex 32,19)? Kein Wunder, daß die Menschen voll Schrecken die Köpfe nach oben recken und die Arme abwehrend erheben – oder gar nicht mehr hinsehen wollen! Reagieren die Menschen heute anders? Wer will sich heute schwere Gesetze auferlegen lassen? Gottes Gebote erscheinen vielen unmodern, unmenschlich. Sie wehren sich dagegen oder ignorieren sie. Schon der Apostel Paulus spricht vom »Fluch des Gesetzes«, von dem Christus uns freigekauft hat (Gal 3,13); andererseits nennt er das Gebot »heilig, gerecht und gut« (Röm 7,12). Auch diese schöne Seite der Gebote zeigt uns das Bild: sie sind *Halt, Licht* und *Segen.* Mose *hält* sich an den Gesetzestafeln *fest* wie ein Ertrinkender an der rettenden Planke, die ihm hingehalten wird. In der langen Geschichte seiner Verfolgungen hat Israel erfahren: Nicht *wir* haben die Gebote gehalten; die Gebote haben *uns* gehalten! Dank der Treue zum Gesetz hat Israel seine Identität bewahrt und ist nicht untergegangen im Wechselspiel der Jahrhunderte. Wo finden wir heute Halt, wenn zwar alles erlaubt ist, aber nicht alles nützt (vgl. 1 Kor 10,23) zu mehr Leben und tieferem Glück? Im Hinhören auf Gottes Wort könnten wir die Weisung vernehmen, die uns den Weg zum wirklich lebenswerten Leben erschließt! Von den Gesetzestafeln fällt *Licht* auf Mose: ein so starkes Licht, daß er sein Antlitz vor dem Volk verhüllen muß und ein goldener Schein auf seiner Brust erglänzt. Die Frommen Israels haben im göttlichen Gesetz keine düstere Bedrohung gesehen, sondern das Licht, das sie im Dunkel der Welt den Weg finden läßt. In den Psalmen (vor allem in Ps 119) haben sie Gott voll Freude für das Geschenk seiner Weisung gedankt! Brauchen wir in einer immer komplizierteren Welt nicht auch notwendig ein Licht, das uns den Weg in eine sinnerfüllte Zukunft weist? Mose erhebt die Gesetzestafeln nicht drohend, sondern *segnend* über das Volk. Segnen, bene-dicere: das heißt: Gutes sagen. Gottes gutes Wort beginnt in den Zehn Geboten nicht mit »Du sollst«, sondern mit dem Hinweis auf seine Befreiungstat: »Ich bin Jahwe, dein Gott, der dich aus Ägypten geführt hat, aus dem Sklavenhaus« (Ex 20,2). Alle folgenden Gebote sind Anleitungen, diese geschenkte Freiheit zu bewahren. Sie können nur richtig verstanden werden, wenn sie auf dem rot leuchtenden Hintergrund der *Liebe* Gottes gesehen werden! Das Gesetz Gottes wird den Menschen nicht von außen auferlegt: Weil er es in ihr Herz eingeschrieben hat (vgl. Jer 31,33), lohnt es sich, in sich hineinzuhören und Gott in der Stimme des Gewissens zu vernehmen (vgl. II. Vaticanum, Gaudium et spes Nr. 16).

B. E.

Das Gesetz vom Sinai

Und er übergab ihnen alle Gebote (Ex 34)

Das aufstrahlende Licht aus der Höhe – man beachte die Kreuzesform der Sonne – zieht den Betrachter des Bildes nach oben. In der weihnachtlichen Bilderfront des Wasseralfinger Altars haben wir die Tafel rechts außen vor uns. Aus der Finsternis unten auftauchend erkennen wir Bileam mit dem Esel, jenen Mann mit den geschlossenen Augen, der eine Vision des Allmächtigen sieht und der den »Stern aus Jakob« weissagt, den Sieger Köder in einer kreuzförmigen Wintersonne darstellt. Die Sternfiguration links und rechts entspricht dem südlichen Winterhimmel über Wasseralfingen. Neben Bileam drei weitere Personen, die nach dem suchen, dessen Stern sie haben aufgehen sehen. Über ihnen baut sich ein babylonischer Schutt-Turm auf. Die Geschichte der Menschheit ist erkennbar in der Geschichte der Baukunst: neben romanischen, gotischen und barocken Formen erkennt man das aufgeschnittene Modell von Michelangelos Kuppel des Petersdoms in Rom. Gegenüber Le Corbusiers Kirche von Notre Dame du Haut in Ronchamp, der erste moderne Kirchenbau aus dem Jahr 1954. Darüber die Startrampen des Weltraumbahnhofes von Cap Canaveral, wo gerade eine Rakete in den Weltraum startet. Die Tafel ist 1969/70 entstanden, wenige Wochen zuvor hatte der erste Mensch seinen Fuß auf den Mond gesetzt (Neil Armstrong am 21. Juli 1969). In der linken Bildhälfte der Fuß des Eiffelturms in Paris, als Symbol moderner Technik, die zum Himmel ausgreift, ein Bauwerk, das zur Weltausstellung 1887/89 errichtet wurde. Über all dem, was ins Dunkel der Jahrhunderte hinabsinkt, ein strahlendes Licht aus der Höhe, das in die Finsternis leuchtet (vgl. Joh 1,5).

Die drei Männer auf Gottsuche sind nicht nur die traditionellen drei Weisen aus Evangelium und Legende. Es sind Menschen unserer Tage, deshalb gekleidet ins Braun der Erde, ins Blau des Glaubens und ins Rot der Liebe. Wo Hoffnung und Liebe sich auf den Weg machen, da leuchten die Sterne heller, da spricht Weltall und Geschichte. Wer hinter den Errungenschaften und Schöpfungen des Menschen einen Stern weiß, den kann auch dieser babylonische Geschichts-Turm, die Vielschichtigkeit unserer Welt nicht erdrücken. Eine Verheißung ist da. Sie weist den Weg durch das Labyrinth der Geschichte. *H. N.*

Ein Stern geht auf aus Jakob (Num 24)
Wasseralfinger Altar

Ich sehe: Eine junge Frau tritt aus dem farbigen Hintergrund eines Glasfensters auf mich zu. Sie trägt eine Garbe, mit beiden Armen eng an den Leib gepreßt. Sie trägt Kostbares – Leben. Wer genau hinsieht, entdeckt im gelbleuchtenden Streifen des Hintergrunds ein Ährenfeld. Ähren auch auf der Erde, über die sie geht: den Kopf leicht geneigt, mit offenen Augen, lächelnd zuversichtlich ...

Ich erkenne die Moabiterin Rut, Titelheldin einer biblischen Geschichte: Sie erzählt von Elimelech, der mit seiner Frau Noomi und ihren beiden Söhnen einer Hungersnot wegen ihre Heimat Betlehem verläßt und in das Land Moab zieht. Dort heiraten die beiden Söhne Moabiterinnen: Orpa und Rut. Elimelech stirbt, und auch die beiden jungen Männer sterben – kinderlos. Zurück bleiben drei Witwen: rechtlos, hoffnungslos.

Noomi beschließt, nach Betlehem zurückzukehren. Ihre Schwiegertöchter begleiten sie. Doch Noomi will die beiden jungen Frauen nicht an sich binden. Sie schickt sie zu ihren Müttern zurück. Orpa läßt sich überzeugen, doch Rut weigert sich. In feierlichem Versprechen knüpft sie die eigene Zukunft an die der Schwiegermutter: »Dein Volk ist mein Volk, und dein Gott ist der meine ... einzig der Tod kann mich scheiden von dir« (Rut 1,6f.).

Als die beiden nach Betlehem kamen, hatte gerade die Gerstenernte begonnen. Rut zögert nicht lang. Sie geht auf die Felder, um liegengebliebene Ähren zu sammeln – ein vom Gesetz verbürgtes Vorrecht der Armen. Mehr oder minder zufällig gerät sie auf ein Feld, das dem Boas gehört – einem angesehenen Mann. Boas findet Gefallen an Rut und sorgt dafür, daß sie am Abend, die Arme voller Korn, zu Noomi zurückkehren kann.

Was nun folgt, klingt wie ein Märchen, in dem sich alles zum Guten fügt: Noomi erkennt Boas als einen jener »Verwandten«, denen das Gesetz die Pflicht des »Levirats« auferlegt. Das heißt: Er muß der kinderlosen Witwe des »Bruders« stellvertretend für den Verstorbenen einen Nachkommen zeugen, damit die Familie nicht ausstirbt. Noomi schmiedet den Plan. Rut führt ihn aus. Boas verweigert sich nicht: Rut wird seine Frau. Noomi hält einen Enkel in den Armen.

Ich verstehe: Die Erzählung von Rut ist eine Beispielgeschichte, in der es nicht auf historische, sondern auf theologische Stimmigkeit ankommt. Auf typisch biblische Weise, indirekt, doch für jeden Juden unmißverständlich, setzt sich der Erzähler mit einem aktuellen Problem auseinander. Im Fall Rut sind jene Lehrer und Gotteskenner angesprochen, die – aller Mitmenschlichkeit zum Trotz – die in der Geschichte Israels nicht nur einmal proklamierten »Mischehengesetze« durchsetzen wollen. Sie fordern, daß alle Israeliten – Gott zu Ehren! – sich von ihren fremdstämmischen Frauen und den gemeinsamen Kindern trennen. Die Geschichte Ruts macht all diesen Debatten ein Ende: Welcher wahre Israelit wird es wagen, der moabitischen Urahne König Davids und ihrem Sohn Obed, dem Vater des Isai, die Zugehörigkeit zu Gottes Volk abzusprechen? *E. B.*

Rut
Glasfenster Hohenberg
So sammelte sie auf dem Feld
bis zum Abend (Rut 2)

Zuerst hat David den schwermütigen Saul erheitert mit seiner Harfe. Aber als die Frauen sangen: »Saul tötete 1000 und David 10 000«, da begann es in Saul zu rumoren. Er spürte den Rivalen, er fürchtete ihn, weil Jahwe mit David war.

Als David wieder spielte, warf Saul den Speer nach ihm, um ihn zu töten. Musik kann nicht nur trösten, sondern auch aufregen. Aber Sauls Speer verfehlt zweimal das Ziel.

Dem nächsten Anschlag entgeht David mit Hilfe der Tochter Sauls, die seine Frau geworden ist. Michal läßt David durch ein Fenster hinab und rettet ihn so vor den Boten Sauls.

In der Höhle von Engedi könnte David den Saul umbringen. Aber David rührt den Gesalbten des Herrn nicht an, obwohl seine Getreuen ihm dazu raten. Nur einen Mantelzipfel Sauls schneidet er ab und stellt damit Saul zur Rede; Saul erkennt, daß David Böses mit Gutem vergilt.

David ist und bleibt Freund Gottes, auch wenn er später schwere Schuld auf sich laden wird durch den Ehebruch mit Batseba. Aber David bereut und büßt dafür.

Ein wichtiges Ereignis ist die Überführung der Bundeslade nach Jerusalem. David ist König über ganz Israel geworden. Er beschließt, die Lade von dem Haus des Obededom in die Davidsstadt zu transportieren. Dem festlichen Zug geht David voran: spielend, singend, tanzend. Die Gegenwart Gottes ist der Grund seiner Freude.

David und seine Harfe – es gibt Momente im Leben, da kann nur Musik ausdrücken, was wir fühlen. Mit jedem Ton verheißt Musik, was anders werden kann. Sie öffnet einen Horizont, wo Versöhnung möglich erscheint. Sie zerreißt den wolkenverhangenen Himmel und läßt Strahlen der Morgenröte hindurch.

Gottes Gegenwart – ist sie nicht Grund zur Musik? Wird sie nicht in der Musik Ereignis?

David und seine Harfe stehen dafür, daß es eine Sprache gibt, die mehr als Worte ausdrückt, auch wenn sie angesichts einer unheilen Welt sehr ohnmächtig ist. Aber sie kann den Himmel öffnen, und von den Engeln im Himmel wird ja nicht erzählt, daß sie Theologie treiben, wohl aber Musik.

W. G.

David
Glasfenster Hohenberg
Und David tanzte
vor dem Herrn her (2 Sam 6)

Elija in der Wüste, resigniert unter dem Ginsterstrauch. Raben ernähren ihn, versorgen ihn mit Brot und Fleisch. Zwei Szenen aus dem Leben eines beispielgebenden Propheten.

Das Königspaar Achab und Isebel benutzt seine Macht, um die Armen zu unterdrücken, sie ihrer Ländereien zu berauben. Das Königspaar scheut auch vor Mord nicht zurück, um durchzusetzen, was es sich vorstellt. Dafür gewinnt es die Unterstützung der »Ältesten und Vornehmen« sowie der Militärs. Gleichheit und Geschwisterlichkeit im Volke Gottes sind verschwunden. Es ist in Gruppen gespalten: auf der einen Seite der König, die Ältesten, Vornehmen und Militärs; auf der anderen Seite die Bauern, die Witwen, die verfolgten Propheten und die Armen. Das Bündnis Gottes mit seinem Volk ist in Stücke geschlagen.

Das Bündnis, welches das Volk mit dem befreienden Gott geschlossen hatte, verlangte, daß alle wie Geschwister leben; daß die Zehn Gebote das Grundgesetz ausmachen. Wenn das Volk dies alles beachtet, wird es keine Armen geben. Sobald es irgendeinen Armen im Volke gibt, ist das ein Beweis für den Bruch des Bundes. Das ungerechte System des Königspaares Achab und Isebel verdunkelt das Antlitz Jahwes und raubt damit dem gesamten Volk die Quelle der Freiheit. Elija kämpft darum, dem Volk das Antlitz des wahren Gottes wieder zu offenbaren. Elija kämpft diesen Kampf um Gerechtigkeit und Freiheit nicht nur in der ungerechten Gesellschaft, die das System des Königs geschaffen hat. Er kämpft diesen Kampf auch in seinem eigenen Innern.

Dabei durchleidet Elija Phasen der Furcht und der Resignation. Eines Tages hat er das Gefühl, es ist alles vergeblich: »Nun ist es genug, Herr. Nimm mein Leben! Denn ich bin nicht besser als meine Väter.« Elija leidet unter einer Versuchung, die er mit vielen teilt: Er glaubt, er sei der einzige, der die Sache Jahwes verteidigt: »Ich allein bin übriggeblieben« (1 Kön 19,10). Eine solche Versuchung überfordert und fördert die Erschöpfung. Elija leidet an dieser Versuchung und kämpft mit sich, um die Quelle der Freiheit wiederzuentdecken. Er zieht sich in die Wüste Kerit zurück, an die andere Seite des Jordan. Von dort war das Volk ausgegangen, um das verheißene Land zu besetzen. Dort empfängt er Brot und Fleisch und trinkt aus dem Bach wie das Volk in der Wüste; er wandert 40 Tage und Nächte durch die Wüste südlich von Beerscheba, wo zu den Zeiten des Auszugs das Volk 40 Jahre umherwanderte. Er geht bis zum Berg Horeb, zum Berg Gottes, wo zu Zeiten des Exodus das Volk dadurch entsteht, daß es den Bund mit Gott schließt. Elija geht also den Weg zurück zu den Quellen des Glaubens, wie ihn einst das Volk Gottes ging, als es die Sklaverei verließ. Dabei trifft er wieder auf den Gott des Bundes und stellt sich in seinen Dienst.

Elija durchsteht die dunkle Nacht, entdeckt diesen Gott wieder und bringt das Volk auf den Weg zurück. Nicht einmal 450 Propheten gelingt es, Gott in das System des Königs einzumauern. Selbst wenn sie den Eindruck erwecken, Gott auf ihrer Seite zu haben, stets wieder wird ein Elija aufstehen, um sie zu demaskieren und ihre Lüge zu entlarven. *N. A.*

Elija
Dort setzte er sich
unter einen Ginsterstrauch (1 Kön 19)

Da ist einer einen langen Weg gegangen und hat sich weit in die Wüste zurückgezogen: Elija, geflohen vor den Häschern der Königin. Er ist aber auch vor seinem Auftrag auf der Flucht, vor seinem Leben, vor seinem Gott. Eigentlich ist Elija seines Lebens müde und will nur noch sterben. Aber Gott läßt ihn nicht los. Wieder und wieder hat er ihn auf seinem Fluchtweg angesprochen, ihn gestärkt für seinen Wüstenweg. Weiter und weiter hat sich Elija zurückgezogen in die Wüste und wartet in seiner Höhle am Berg Horeb auf die Nacht. Er wartet auf das Ende. Er wartet vielleicht auch auf Gott. Er erwartet Gott in den mächtigen Gewalten der Natur. Sturm, Erdbeben, Feuer gehen über ihn hinweg, beeindruckend, bedrohlich, beängstigend. Aber Gott ist kein »Wetter-Gott«. Er demonstriert seine Macht nicht im Sturm. Er erschüttert nicht im Erdbeben. Er straft nicht mit Feuerbränden. Gott äußert sich ganz anders: wie lautlos vorbeifliegende Blätter im Wind spricht Gott in der Stimme eines vorüberschwebenden Schweigens. Elija verhüllt sein Gesicht voll Ehrfurcht und streckt seine offene Hand der Stille entgegen, empfänglich für Gottes leise Berührung.

Am Gottesberg Horeb ist der Prophet soweit, diesen kaum zu spürenden Windhauch als Gottes Stimme zu vernehmen. Sein langer Weg nach innen zeigt: Gotteserfahrung braucht den Rückzug. Ich kann Gott kaum im Lärm finden, nicht in Hektik und schneller Betriebsamkeit, nicht im Machtvollen und nicht im Machenwollen. Um Gott zu spüren, brauche ich äußerlich einen ruhigen stillen Raum, der mir meine inneren Räume eröffnet. Das kostet manche Mühe, denn dieser Weg nach innen wirft manche Vorstellungen von mir selbst, von meinem Leben, von Gott über den Haufen. Ich muß vieles Gewohnte aufgeben, bis Gottes Frage an den Propheten auch mich erreichen kann: »Was willst du hier, Elija?« Was will ich eigentlich? Mit meinem Leben, mit Gott? Im Innehalten und Stillwerden kann ich eine Antwort bekommen. Was Elija von Gott erfährt? Auf jeden Fall Zuspruch, Annahme, neuen Lebensmut, Bestärkung. Und er bekommt einen neuen Auftrag. Er muß wieder heraus aus seiner Höhle, in die er sich verkrochen hatte. Gott mutet ihm wieder etwas zu, nachdem Elija kurz vorher noch sterben wollte. Erfahrung Gottes bleibt nicht ohne Folgen für ihn. Gestärkt und mit neuer Perspektive geht er aus der Begegnung hervor. Das ist Trost und Herausforderung für die Stürme und Erschütterungen auf meinem Weg in die vorüberschwebende Stille. Wer etwas von Gott erfahren hat, wird sich gestärkt verändern. *S.H.*

Elija am Horeb
Nach dem Feuer kam ein sanftes,
leises Säuseln (1 Kön 19)

Ijob: ein Gesicht und zu Fäusten geballte Hände. Vier Gesichter umgeben ihn: Elifas, Bildad, Zofar und Elihu. Vier Männer, vier Namen, vier farblose Typen verschmelzen in ihren frommen Sprüchen zu einem.

Ijob: Gebündeltes Leid, furchentiefe Schmerzen. Eingegraben haben sich durchweinte Nächte und glanzlose Tage. Ijob ist ein Gezeichneter, zerrissen vom Klagegeschrei wegen des Verlustes seiner ganzen Habe, wegen des jähen Todes seiner Söhne und Töchter, wegen der Geschwüre an seinem Körper, aber auch wegen der fundamentalistischen Lehre seiner Freunde. Allein gelassen ist Ijob in seinem Leid, allein mit seinen Fragen, allein vor Gott. Einen Freundesdienst wollen seine »Freunde« ihm erweisen. Belehren möchten sie ihn. Denn für sie gelten die theologischen Lehrsätze: Wer mit Krankheit, mit dem Tod seiner Kinder und dem Untergang seines Besitzes geschlagen wird, der tat Unrecht und wird von Gott gestraft. Darum warnt zuletzt Elihu, Ijob soll ablassen von seinem Hochmut, soll nicht hadern mit Gott, denn gemahnt ist er durch den immerwährenden Schmerz und den beständigen Kampf in seinen Gliedern (33,19). »Lügenkleisterer« (Fridolin Stier) sind sie allesamt. Mit einem Pflaster unwahrer Weisheitslehre wollen sie Ijobs Begehren, mit Gott zu rechten, verkleistern. Kein Leben ist mehr in ihnen, nur noch strohene Sätze. Das Einmaleins ihrer Lehre sagen sie auf. In Wirklichkeit aber sind sie gestorben an ihrer Weisheitslehre. Darum nehmen sie Ijob in seinem Aufschrei, im Weh seiner Klage und in der Leidenschaftlichkeit seiner Anklage gegen Gott nicht mehr wahr. Ijob hält unbeirrbar am Zeugnis seines Gewissens fest. Keiner Schuld ist er sich bewußt. Aber wird Gott ihn anhören und sich zum Rechtsstreit stellen? Der Ohnmächtige reckt sich auf, »furchtlos, siegbewußt, wie gleich gegen gleich« (Fridolin Stier). Hat er die Hände drohend zu Fäusten geballt? Oder wollen sie den Unbegreiflichen greifen und ihn vor die Schranken des Gerichtes bringen? »Alles Elend wird zur Wucht einer letzten Anklage, alle Kraft und Klarheit des Gewissens zur letzten, feierlich beschworenen Bekundung seiner Unschuld aufgeboten« (Fridolin Stier). Aber nicht nur für sich fordert Ijob Gott in die Schranken des Gerichts. Er macht sich zum Wortführer der Menschheit überhaupt. Und das macht seine Geradheit aus, seine Rechtschaffenheit, seine Gottesfurcht und sein Fernhalten vom Bösen. Ijobs Fragen sind unser aller Fragen: »Ist nicht Kriegsdienst des Menschen Leben auf der Erde? Sind nicht seine Tage die eines Tagelöhners? Wie ein Knecht ist er, der nach Schatten lechzt, wie ein Tagelöhner, der auf den Lohn wartet« (7,1f.).

Am Ende gibt es für Ijob eine Antwort auf seine Fragen. Gott stellt sich. Aus dem dunklen Sturmgewölk zeichnet sich die Gottesantwort ab. Und auch das hat Sieger Köder festgehalten. Ijob, ein Mensch vor Gott, wird durch die Fragen aus dem Sturmesbraus hinübergefragt und hinübergeführt hin zu Gott. Ein veränderter Ijob steht vor. Das Gottesbild und das Menschenbild vom »Hörensagen« sind gebracht ins »Schauen«. »Vom Hörensagen nur hatte ich von dir vernommen; jetzt aber hat mein Auge dich geschaut« (42,5). *K. G.*

Ijob
So gib mir Antwort (Ijob 33)

Von Gott, zu Gott, über Gott reden. Ihn reden lassen. Mit ihm reden: fragen und bitten, loben und danken. »Gott« ist kein Thema nur für jene, die um Sätze streiten, die ihn »recht« aussagen. Kinder lernen seine Eigenschaften; sie lernen das Bekenntnis zu ihm, »dem Vater, den Allmächtigen, den Schöpfer des Himmels und der Erde ...« Sie lernen Wahrheit in einer fremden Sprache. Sätze zum Auswendiglernen. Ein Koordinatennetz, in dem der einzelne sich festmachen, sein Leben orten kann. Das Angebot steht. Doch jene, die nur noch »rechnen« können, haben zumeist das Vertrauen verlernt. Die eigentlichen, die erschütternden Gotteserfahrungen kommen kaum je bei uns an: Ein Hungriger, der an Brot denkt, wird nicht satt. Ein Durstiger, der sich an alles erinnert, was er vom Wasser weiß, bleibt durstig: Glaube, der im Kopf bleibt, kann nicht trösten.

Jahrhunderte ehe Israel seinen Gott – auch unter dem Druck zur Abgrenzung gegen andere Völker und ihren Glauben – als Schöpfer des Himmels und der Erde rühmt, erfährt es ihn als den, der für sie da ist, der Menschen auf den Weg schickt, in die Freiheit: Aus dem brennenden Dornbusch hört Mose seine Stimme: »Ich habe das Elend meines Volkes gesehen ..., seine Klage gehört ... Ich kenne ihr Leid.« Er ist da, als der Weg durch das Meer führt. Ehe er sein Volk auf Bund und Gebote verpflichtet, erinnert er sie an die gemeinsame Geschichte: »Auf Adlerflügeln trug ich euch.«

Von diesem Gott, dem Zugewandten, erzählt das Erste Volk Gottes Geschichten: von seiner Zuwendung und dem eigenen Versagen. Von ihm, der nah ist – und dennoch der ganz andere bleibt. Geschichten, wie sie auch Kinder verstehen.

Im Glaubensbekenntnis der Christen steht kein Satz, der sie ausdrücklich einbindet in diese gemeinsame Vergangenheit. Vielleicht tun wir uns darum so schwer, Gott anzureden wie einen Freund und – mehr noch – ihn zu erkennen in den vom Mythos geprägten Bildworten.

Zu dieser Art Texte gehört auch der 18. Psalm: Hier berichtet ein Mensch (ein König?) aus eigener Erfahrung: Feinde und Widersacher halten ihn in ihrer Gewalt. Sie hetzen ihn, der Tod ist ihm nah. Er ist allein. Verloren. Da schreit er zu Gott, und der hört die Stimme dieses einen. Um dieses einen Menschen willen kommt er. Sein Kommen läßt sich nur mit mythisch gewaltigen Bildworten wiedergeben: Die Erde bebt, Blitze zucken, Donner dröhnt, Wolkendunkel, Sturm und Springflut. Das Meer, Bastion der gottfeindlichen Mächte, weicht zurück. Der Urgrund des Meeres, den noch keines Menschen Auge geschaut, liegt bloß. Das ist kein segnender Gott, wie die verharmlosende Überschrift erwarten läßt: Kein alltägliches »Danklied eines Königs für Rettung und Sieg«.

Ich sehe: Ein Mensch kauert auf dem Urgrund des Meeres, er kniet. Über ihm wölben sich die aufgetürmten Wasser. Sie drohen, ihn zu verschlingen. Er hält sich an die Erde; wird sie ihn halten? Das Gesicht nach oben gewandt, mit schreckgroßen Augen und offenem Mund: Du!? *E. B.*

Da wurden sichtbar
die Tiefen des Meeres (Ps 18)

Ministranten werden »Lausbuben des lieben Gottes« genannt. Oft sind in der Ministrantenschar die besonders munteren, zu jedem Schabernack aufgelegten Buben einer Pfarrei beisammen. Wie oft geht – zum Ärger des Mesners – der gläserne Windschutz zu Bruch, wenn mit den Leuchtern Gefechte ausgetragen werden!

Sieger Köder hat dem munteren Treiben eines Ministranten eine neue, tiefergreifende Interpretation gegeben. Gestützt auf eine überdimensional lange Leuchterstange, springt, ja fliegt dieser fröhlich lächelnde Ministrant über drei Mauern hinweg: eine humorvolle Illustration zu der Erfahrung, von der Psalm 18 spricht. Von großer Not, von der Verfolgung durch Feinde, von Todesgefahr ist dort die Rede. Der Beter flüchtet zu Gott, den er zu Beginn als Fels, Burg, Feste, Schild und Zuflucht, als schützende Mauer erfährt. Der Rückzug, die Flucht hinter ein starkes Bollwerk kann lebensrettend sein. Aber was wäre das für ein Leben: immer eingeschlossen hinter Mauern? Was unterscheidet eine solche Burg von einem Gefängnis? In einer Zeit, in der alles im Umbruch zu sein scheint, sehnen sich manche zurück zu einer Kirche, die eher einer Trutzburg ähnelt als dem Schifflein Petri auf dem stürmischen See. Gott soll ihnen vor allem schützende Mauer sein vor den Feinden, vor der bösen Welt. Immer wieder richten wir Mauern um uns auf, um uns zu schützen; immer wieder verhindern die Mauern, die uns umgeben, Begegnung, Gemeinschaft, Leben.

Im weiteren Text des Psalms wird Gott nicht mehr nur als Schutzwall erfahren. Er läßt den Beter nicht hinter den dicken Mauern der Sicherheit sitzen. Er befreit ihn daraus und führt ihn hinaus ins Weite! »Du, Herr, läßt meine Leuchte erstrahlen, mein Gott macht meine Finsternis hell« (Ps 18,29). Auf dem Bild ist es nur eine einzige Kerze, welche die Dunkelheit erleuchtet und doch gewaltige Schatten wirft.

Gottes Gegenwart bringt Licht ins Dunkel unseres Lebens und unserer Welt. Dieses Licht macht die Lage zunächst nicht erfreulicher: Es läßt uns um so deutlicher erkennen, wie viele brutale Mauern unserer Freiheit im Weg stehen. Es bleibt aber nicht beim Erkennen: Das Licht, das Gott selbst ist, wird zum Stab, der den Hochsprung ermöglicht, so daß der Beter bekennen kann: »Mit meinem Gott überspringe ich Mauern« (Ps 18,30). Schwere Gefangenschaft, düstere Traurigkeit wandelt sich in Weite und frohe Leichtigkeit.

Wessen Halt Gott selbst ist, der muß sich nicht mehr selbst sichern hinter den Mauern seiner eigenen Ansichten und Vorurteile; er braucht sich nicht mehr abschrecken zu lassen von denen seiner Mitmenschen. Vor dem blauen Hintergrund der Treue Gottes kann er sich darüber erheben und ein wahrer »Laus-Bub« (diesmal abgeleitet von: lateinisch »laus« = »Lob«) werden: ein Mensch, der vor Freude springen und laut Gottes Lob singen kann, weil er ihn hinausführt ins Weite und alle Finsternis erhellt. *B. E.*

Mit meinem Gott
überspringe ich Mauern (Ps 18)

Mehrdimensionalität, die verschiedene biblische Linien erkennen läßt, wie in vielen Bildern von Sieger Köder, spricht aus dem Bild. In der Rundung des Fensters wird ein Mensch zerrissen von gewichtigen Worten. Kopfüber ist er geworfen in die Warum- und Suchfrage. Warum hat Gott ihn verlassen, der doch vom Mutterleib an sein Gott ist? Im Mittelbild sitzt ein Mensch, der am Ende ist. Gebündeltes Elend. Einsamkeit, wie sie größer nicht sein kann. Ein Mensch umringt von vielen und doch allein. Drohgebärden der Umstehenden. Fletschende Zähne, geballte Fäuste, hämisches Grinsen. Die wilden Stiere und Büffel, die reißenden Löwen und die kläffenden Hunde tragen Menschengesichter. Der Mensch, der niedergeschlagen und gebunden dasitzt, ist der, dem alles fraglich wird, weil sein Gott stumm bleibt. Er ist nur noch ein Wurm, Gespött der Leute, verachtet vom Volk und verlacht. Im Gebundenen ist auch der leidende Gottesknecht zu sehen, gemieden von den Menschen, voller Schmerzen und mit Krankheit beladen (Jes 53,3), mißhandelt und niedergetreten. Er hält seinen Rücken den Schlagenden hin, verbirgt sein Gesicht nicht vor den Schmähungen und den Geifern (Jes 50,6).

Schließlich wird der Leidende durchscheinend auf Jesus hin. In der Passion ist Jesus durch und durch Mensch, gebundene, geschlagene und verwundete Kreatur, gepeinigt bis aufs Blut, suchend, fragend, ob das der unergründliche Wille Gottes sei, den Kelch des Leidens bis zur Neige trinken zu müssen. Der klagende Beter des 22. Psalms umfaßt mit seinen Worten den leidenden Gottesknecht, Jesu Passion und sein Sterben und den langen Zug der Leidenden und Gemordeten aller Zeiten. Im unteren Bild rückt Sieger Köder den vollends ins Bild, der den Psalm 22 zu seinem Gebet gemacht hat, als er den Kreuzestod erlitt: Jesus. »Er wurde für uns gekreuzigt« (Glaubensbekenntnis), wird mit einem Bildzitat aus dem Skizzenblock Picassos verdeutlicht. Ganz selten hat Picasso den Gekreuzigten gemalt. Zärtlich umschließend zeigt der Beter des Psalms das Picassobild. Jesus hängt in einer Stierkampfarena am Kreuz, nimmt sein Lendentuch wie das Tuch eines Stierkämpfers und lenkt damit den Stier vom gestürzten Pferd ab. Verstehbar und anschaulich übersetzt das Bild die theologische Aussage des Leidens und Sterbens Jesu »für uns«, die Stellvertretung, die Sühneleistung mit seinem Blut. Jesus tritt in das Urleiden der Gottverlassenheit und erklärt sich solidarisch mit den Leiden der Menschheit. Er hat die Qualen der Gottverlassenheit durchlitten und ist uns Menschen zum Bruder im Gottsuchen geworden. Das Tröstliche ist, nicht nur im Leiden und Sterben wurde Jesus uns gleich, sondern er hat uns auch den Weg gewiesen, aus dem Gott ihn und zugleich uns aus Leid und Tod herausruft ins Leben. Des Menschen Schicksal verdichten der 22. Psalm und das Fenster auf dem Hohenberg. In der äußersten Grenzsituation zerbrechen alle menschlichen Sicherungen. Es bleibt, entweder zu verzweifeln oder sich mit einem Dennoch in die Arme Gottes zu werfen, in der Gewißheit, aufgefangen zu werden.

K. G.

Mein Gott, mein Gott,
warum hast du mich verlassen? (Ps 22)
Glasfenster Hohenberg

Der Beter dieses Psalms kennt Armut, Angst und Todesgefahr. Dennoch preist er Gott als Guten Hirten und wunderbaren Gastgeber. Der Maler faßt beide Metaphern für Gott zusammen und läßt in seinem Bild David die Heilstaten Gottes besingen.

»Er läßt mich rasten auf grünen Auen,
er führt mich zum Wasser der Ruhe.«

Das möchte Gott: die unruhige menschliche Seele zur Ruhe kommen lassen. »Ich werde euch Ruhe verschaffen« (Mt 11), sagt auch Jesus. Und große Ruhe strahlen auch Farbe und Komposition dieses Bildes aus. Wie selbstverständlich geht im Psalm die erzählende Aussage immer wieder über in ein vertrautes, vertrauendes »Du«:

»Er leitet mich auf rechten Pfaden, treu seinem Namen.
Dein Stock und dein Stab geben mir Zuversicht.«

Die Hand Gottes oben im Bild ist wie ein schützender, den Weg weisender Stab. Die »Führung Gottes« ist uns gerade in Zeiten der Bedrängnis und Wüste zugesagt.

»Du deckst mir den Tisch.
Du füllst mir reichlich den Becher.
Und wohnen darf ich im Haus des Herrn für die Länge der Tage.«

Das Gastrecht Gottes bedeutet absolutes Schutzrecht auch für den schweren Sünder. In unbegreiflicher Weise bietet Gott uns Tisch- und Lebensgemeinschaft an – über unseren Tod hinaus.

Das Kernstück des Psalms aber lautet:

»Muß ich auch wandern in finsterer Schlucht,
ich fürchte kein Unheil; denn du bist bei mir.«

Erinnerung an die Wanderung durch die Wüste, an Angst und Schrecken des Krieges. Aber quer durch die Schlucht ein Garten von Rosen. Sie bedeuten: Du liebst mich. Du bist bei mir. Du! Faszinierend, wie der Maler das Bild von Gott als Hirte und Gastgeber unauffällig übergehen läßt in das Bild des Guten Hirten und Gastgebers Christus. Als Leidender erscheint er in der Hand oben, die uns führt, der uns »niemand entreißen kann« (Joh 10). Den Auferstandenen versinnbildlichen die drei Brote, der Wein in den Gläsern und der Fisch – Erinnerung an Emmaus und das Ostermahl am See.

In der Mitte des Bildes ein Notenblatt mit der vielleicht ältesten Choralmelodie zu Psalm 23. Ein Hinweis, daß der Maler im Lob Gottes seine Hauptaufgabe sieht und daß in der Familie des Auftraggebers zu diesem Bild das Gotteslob, vor allem in der Musik, über alles geschätzt wird. Am Schluß des Psalms betet der König und Sänger:

»Nur Güte und Huld verfolgen mich nun mein Leben lang.«

Lassen doch auch wir uns vom Gott des Psalms 23 gerne »verfolgen«! *T. S.*

Du deckst mir den Tisch (Ps 23)

Steine ducken sich, schattenhaft,
kein Spielraum dazwischen, kein Atem.
Steine mit oder ohne Kreuz,
kleine Blumen, atemlos.
Steine ducken sich, dicht gedrängt,
wohin?
Wenn Steine sprechen könnten:
»Ich bin nur Gast bei dir,
ein Fremdling wie all meine Väter.«
Endstation von Größe und Herrlichkeit?
Jeder ist gleich hier,
klein oder groß.
Endstation Mensch,
Ende oder Anfang?
Wenn Steine seufzen könnten:
»Ich bin verstummt,
tu meinen Mund nicht auf,
denn so hast du's gefügt.«
Wenn Steine schreien könnten:
»Meine Tage sind nur die Spanne lang,
meine Lebenszeit ist vor dir wie ein Nichts.«
»Wie ein Hauch geht der Mensch dahin,
um ein Nichts macht er Lärm.«

W. H.

Friedhof
Wie ein Schatten
geht der Mensch dahin (Ps 39)

Was haben Don Quijote und Sancho Pansa mit den Psalmen des Alten Testaments zu tun – der liebenswürdige Narr, das Gespött der Realisten, und sein treuer, ergebener Begleiter?

Sieger Köder hatte vor Jahren einen russischen Film gesehen. Er erinnert sich: »Da ritt der Ritter von der traurigen Gestalt auf die Windmühlen los. Seine Lanze blieb in einem Windmühlenflügel stecken, der Ritter blieb an seiner Lanze und die Mühle hob ihn aus dem Sattel. Und der Ritter drehte auf den Windmühlenflügeln durch die Luft. Auf meinem Bild dreht er so weiter am Kreuz der Windmühle über einem offenen Grab – ein Memento mori, und ganz am Rand schaut Sancho Pansa zu.«

Liebevoll umarmt der treue Begleiter seinen Esel, der erstaunt dem Geschehen zuschaut. Begreift das Tier wohl besser, was sich hier abspielt – wie der störrische Esel des Sehers Bileam (Num 22 – 24)? Auch das edle Roß Rosinante schreit und bäumt sich auf, protestiert. Hier geht einer zugrunde an seinem Idealismus und an seiner Phantasiewelt, da leidet einer für seine Überzeugung und seinen Glauben. Er scheitert und wird zum Gespött.

Weisheit oder Torheit, beide schützen und helfen dem Menschen nicht. Das Schicksal trifft alle gleichermaßen. Weise sterben, genauso gehen Tor und Narr zugrunde. Ist das die einzige Wahrheit und der alleinige Trost am offenen Grab?

Nicht in verzweifeltem Sichwehren, nicht mit lautem Aufschrei stürzt Don Quijote in den für ihn bestimmten Abgrund, sondern in duldsamer Ergebenheit – erinnernd an den, der damals am Kreuz auf Golgota starb. Die Flügel der Windmühlen gleichen Steinkreuzen auf dem offenen Feld der Meseta, gleichen Sühnekreuzen unserer Heimat.

Doch es bleiben eben nicht nur Trauer und Unverständnis. Als Zeichen der Hingabe, als Symbol der Liebe ragt die Rose ins Dunkel des Grabschachtes: Lichtzeichen des Ostermorgens, keine vergebliche Liebesmüh'! *P. R.*

Don Quijote
Weise sterben, genauso gehen Tor
und Narr zugrunde (Ps 49)

Der Maler bringt uns zwei Grundaussagen des Psalms 57 nahe. Von Gefahr und Unheil spricht der erste Teil des Psalms. Der Beter sagt: »Ich flüchte mich zu dir.« Und er meint: »Zu dir, Gott«, worauf der Berg hinweisen könnte, der in Israel Bild für die Nähe Gottes ist. Er klagt: »Sie haben meinen Schritten ein Netz gelegt.« Er fühlt sich von Menschen bedroht, eingefangen.

Ich mache mir *mein* Bild von diesem Bild und frage mich: Wer bzw. was versucht *mich* ins Netz zu locken – durch falsche Versprechungen, trügerische Werbung, scheinbar verlockende Aussichten? Die Fangnetze um mich herum sind unzählige. Ein Entkommen scheint unmöglich. Und ich frage mich weiter: Wem bin ich vielleicht schon ins Netz gegangen und merke es gar nicht? Oder könnte es sein, daß ich mich längst schon im eigenen Netz verstrickt habe? Und wie komme ich aus meinen selbstgestrickten Fangnetzen wieder heraus?

Alfred Delp schreibt im Angesicht des Todes: »In diesen Wochen der Gebundenheit habe ich dies erkannt, daß die Menschen immer dann verloren sind und dem Gesetz ihrer Umwelt verfallen, wenn sie nicht einer großen inneren Weite und Freiheit fähig sind.« Diese Weite und Freiheit beschreibt der zweite Teil des Psalms 57. In einem hymnischen Danklied singt der Beter von seiner wunderbaren Befreiung und Rettung. Wieder sagt Delp: »Die Geburtsstunde der menschlichen Freiheit ist die Stunde der Begegnung mit Gott.«

Diesen Augenblick der Begegnung mit Gott zeigt uns der Maler. Der zuvor verzweifelte Mensch läßt uns in sein Herz schauen. Wir erfahren, daß er von sich aus etwas getan hat, um aus den Netzen herauszukommen. Er machte sich im Gebet Mut: »Mein Herz ist bereit, o Gott, mein Herz ist bereit. Wach auf, meine Seele! Wacht auf, Harfe und Saitenspiel!« (Auf unserem Bild eine Mandoline). »Ich will das Morgenrot wecken.« Gegen Schmerz und Trauer betet er sein »Dennoch und Jetzt-erst-recht!« »Ich will«, sagt er, und manchmal ist es auch notwendig, die Kraft des eigenen Willens aufzubringen und gegen scheinbar Unmögliches anzukämpfen, wenigstens an-zubeten. Wir können sicher nicht das Leid weg-beten. Aber versuchen sollten wir es – wie dieser unbekannte Mann in der Bibel –, auch im Leid noch zu singen, Gott zu preisen und ihm zu danken.

Mit einem weiteren einfachen Bild beschreiben Psalmist und Maler die im Gebet erfahrene Zuwendung Gottes: »Ich will dich preisen, Herr, denn deine Güte reicht so weit der Himmel ist, deine Treue, so weit die Wolken ziehn.« *Alles* wird für den, der glaubt, zu einem Bild und Gleichnis. Die Wolke, in der Gott sich verbirgt und offenbart, und der Sonnenaufgang, der nach schwerem Aufstieg zum Gipfel wie ein Wunder erlebt wird. *T. S.*

Ich will das Morgenrot wecken (Ps 57)

Gott richte uns wieder auf! Laß dein Angesicht über uns leuchten, dann ist uns geholfen!« So der Refrain des Psalms 80. »Uns« meint das geschlagene, geschwächte und ausgeplünderte Israel. Die Bevölkerung fürchtet den drohenden Untergang. Und in dieser kritischen Situation versammelt sich die Gemeinde im Heiligtum zu Klage und Bitte vor Gott. Ein Vorsänger bringt sie vor, während die Gemeinde immer wieder mit lauten Bittrufen einfällt.

An welche konkreten Geschehnisse wir zu denken haben, ist undeutlich. Klar wird: Das Großreich Israel ist auseinandergebrochen. Unter David reichte es vom Mittelmeer bis zum Eufrat. Jetzt sind die Stämme Nordisraels, Efraim, Benjamin und Manasse in schwerer Bedrängnis. Sieger Köder versucht, das Mittelstück unseres Psalms vor Augen zu halten: Nach der Klage erinnert der Psalmist an Gottes grundlegende Heilstaten, rückt die dunkle Katastrophe der Gegenwart vor deren hellen Hintergrund. Er tut dies metaphorisch gerafft, im Bild des Weinstocks und des Weinbergs. Gott hat Israel, seinen Weinstock, aus Ägypten ausgehoben – wir sehen noch die offene Mulde dieser Herausführung mit starker Hand – und ihn nach Kanaan verpflanzt, wo dieser sich ausbreiten konnte, »seine Ranken trieb er bis hin zum Meer und seine Schößlinge bis zum Eufrat«. Wir sehen die mächtigen Wurzeln des Weinstocks, die raumgreifen vom Mittelmeer und dem Nildelta, vom Roten Meer über den Persischen Golf bis zum Eufrat.

Dann freilich riß Jahwe die Schutzmauern des Weinberges Israel ein und gab ihn den Verwüstungen durch Menschen und Wildtiere preis. Warum? Träumt Gott den nationalistischen Wunschtraum »Groß-Israel« nicht mit? Ist es nicht das Land und dessen Besitz, das dem Volk Segen bringt?

Das Gebetslied der Gemeinde erfleht Gottes Hervortreten und Erscheinen. In der Not schaut sie zurück und macht sich in Gottes Handeln fest: In seiner starken Hand liegt alles, gestern und heute. Die Menschen erleben sich von Gott getrennt, seinem Zorn ausgeliefert und im Stich gelassen. Ihr Beten steckt tief in der Krise vor dem schweigenden Gott, der nur noch Tränen für sie zu haben scheint, sie zum Spielball macht und dem Spott aussetzt. Und trotzdem, nach dieser Geschichte Gottes mit ihnen, mit dieser heilvollen Vergangenheit im Rücken lassen sie nicht locker: »Herr, richte uns wieder auf!« Wer sonst könnte es? »Im Augenblick höchster Gefährdung läßt sich dieser Glaube nicht fallen, sondern greift um so entschlossener ins Dunkel nach der rettenden Hand Gottes« (Alfons Weiser).

Deuten wir unser Bild zu weit, wenn wir Gott antworten, wenn wir sein Angesicht aufleuchten sehen? Sein Angesicht, das er zeigt in seinem Sohn, der von sich sagt: »Ich bin der Weinstock, ihr seid die Reben« (Joh 15,5)? Sehen wir die ersehnte Zuwendung Gottes, den wahren Weinstock, der am Leben erhält und alle Mauern sprengt für alle Welt? *C. S.*

Du hobst in Ägypten
einen Weinstock aus (Ps 80)

Es ist Nacht. Ein Mensch liegt im Bett. Doch nicht Schlaf und Entspannung zeichnen sein Gesicht. Mit angezogenen Beinen und aufgerichtetem Oberkörper bäumt sich sein Körper auf. Sein in den Nacken geworfener Kopf ist ein einziger Schrei. Fast scheinen wir sein Schreien zu hören: so ausgesetzt, einsam und brüchig ist die Szene von Sieger Köder gestaltet. Kein Dach bietet dem leidenden Menschen Schutz. Keine Farbe bringt dem Auge Trost, kein Sonnenlicht Wärme. Nicht einmal Sterne öffnen die Nacht, der Himmel ist von Wolken bedeckt. Nur der schwarze Vogel auf der ausgebrannten Dachruine teilt mit dem Menschen die Einsamkeit. Den Kopf nach oben geworfen ist auch sein Schnabel zum Schrei geöffnet. Wie wenn der Vogel die Klage des Menschen verstärken will.

»Ich liege wach, und ich klage wie ein einsamer Vogel auf dem Dach«, ruft der Beter in Psalm 102. Er schüttet sein Gebet vor Gott, stellvertretend für uns in nachtwachenden Stunden. Wenn Sorgen und Kummer uns den Schlaf rauben, werden wache Stunden zu bangen Ewigkeiten. Dann drängen sich in der Dunkelheit der Nacht Ängste und dunkle Seiten auf. Wir können uns von Krankheit und Schmerzen nicht mehr ablenken. Oft fangen die Gedanken an zu kreisen und finden keinen Ausweg mehr. Unsere leidvolle Lebenslage erscheint uns aussichtslos. Verzweiflung vertreibt die Hoffnung, und wir fühlen uns von Gott und den Menschen verlassen.

Was tun in dieser Gottverlassenheit? Hadern, schreien, sich im Unrecht verschließen, am Leben verzweifeln, klagen, mit Gott und der Welt abschließen? Der Psalmist hört nicht auf, mit Gott zu rechnen, und schreit seine Not zum Himmel: »Herr, höre mein Gebet! Mein Schreien dringe zu dir. Verbirg dein Angesicht nicht vor mir! Wenn ich in Not bin, wende dein Ohr mir zu! Wenn ich dich anrufe, erhöre mich bald!« Er fordert Gottes Treue ein und erinnert sich und Gott an dessen Erbarmen. Klagend, bittend und lobend bekennt er sich zu Gottes heilendem Handeln und findet Trost und neue Zuversicht. So ein Klageschrei zum Himmel kann wie Erlösung sein und Seele und Leib freimachen, sich des Lebens und der Liebe wieder neu zu versichern. Gottes Liebe und Gnade ist grenzenlos und sucht uns Menschen zu erreichen – auch in der Ferne verzweifelter Stunden. Das ist so gewiß, wie auf jede dunkle Nacht ein heller Morgen folgt.

Im Bild geht von Osten schon langsam die Sonne auf und beleuchtet die ausgebeinten Dachsparren. Wann wird sie die dunklen Wolken ganz vertreiben und den Klagenden mit ihrem Licht bescheinen? *S. H.*

Ich liege wach,
und ich klage wie ein einsamer Vogel
auf dem Dach (Ps 102)

Gott gibt Speise aller Kreatur zur rechten Zeit, sagt der Dichter und Beter des 104. Psalms. Für den Maler ist die Erde der gedeckte Tisch. Alles, was die Erde hervorbringt, soll jegliche Kreatur zu sich nehmen: Pflanze, Tier und Mensch. Auf die Fülle weisen Brot und Wein. Symbole für Speise und Trank. Sie sollen das Herz des Menschen erfreuen.

Brot und Wein werden nicht ohne das Zutun des Menschen. Sie sind Frucht der Erde, Frucht des Weinstocks, Frucht der menschlichen Arbeit, sagt die Liturgie.

Immer ist der Mensch auf die Gaben der Erde angewiesen. Sein Leben hängt ab vom mehr oder weniger vollen Tisch. Darum wird er nicht müde, den Geber alles Guten zu loben.

Israel hat Gott als seinen Schöpfer, Erhalter und Ernährer erfahren. Das Herr-Sein Gottes: Du hüllst dich in Licht, nimmst dir die Wolken zum Wagen, fährst auf den Flügeln des Sturmes (Ps 104).

Das Staunen des Beters geht über in Dank, weil er sich erinnert, wie Gott seinem Volk beim Zug durch die Wüste das Brot des Himmels gab. Dem Propheten Elija bringen Raben Brot und Fleisch, damit der verfolgte Künder des Gotteswortes den Berg Karmel erreicht. Dabei sollen die Witwe von Sarepta und alle Notleidenden nach ihr erfahren: »Das Mehl im Topfe soll nicht ausgehn, und das Öl im Kruge nicht versiegen, bis zu dem Tage, da der Herr dem Lande Regen spendet« (1 Kön 17,14). Nach dem Gottesgericht auf dem Karmel bringt Regen der ausgetrockneten Erde Fruchtbarkeit, und der Gottesmann erfährt zum zweiten Mal die Vatergüte Gottes: »Steh auf und iß! Sonst ist der Weg für dich zu weit. Da stand er auf, aß und trank und wanderte dann kraft dieser Speise vierzig Tage und vierzig Nächte bis an den Gottesberg Horeb« (1 Kön 19,5f.).

Immer darf das pilgernde Gottesvolk mit Brot und Wein, der Nahrung seines Gottes, rechnen. *H. F.*

Brot von der Erde und Wein,
der das Herz des Menschen erfreut (Ps 104)

Vielleicht war es seine letzte Vorstellung, vielleicht aber macht er nur eine Pause vor dem nächsten Auftritt. Die Maske hat er abgenommen. Sie zeigt, was sie immer macht: den lachenden Mund, der ihn zum Harlekin macht. Was wäre ein trauriger Harlekin! Seine Aufgabe ist es, andere zum Lachen zu bringen. Und je besser er diese Rolle spielt, desto weniger merkt man, daß es ja nur eine Maske und die Verkleidung ist, die so lustig aussehen, und desto mehr bekommt er Beifall.

Nach seinem Auftritt ist er jetzt erst einmal abgetreten. Der Vorhang hinter ihm ist gefallen. Er hört noch das Klatschen und die Bravo-Rufe. Sie wollen ihn noch einmal sehen, wollen seine Späße erleben, wollen noch einmal lachen – deshalb sind sie ja in den Zirkus gekommen, wo er so eine entscheidende Rolle spielt. Die Artisten am Trapez oder auf dem Hochseil oder bei den Tiernummern müssen sich konzentrieren bis zum äußersten, müssen hart arbeiten und bekommen dafür Beifall. Bei ihm ist es scheinbar anders: Die Leute lachen schon, wenn sie sehen, wie er den Mund verzieht, wie er lacht.

Jetzt, wo die Nummer zu Ende ist, wo er nicht mehr im Rampenlicht stehen muß, lacht er nicht mehr. Allein mit sich zeigt er sein Gesicht, sein wahres Gesicht. Jetzt ist zu sehen, wie es ihm zumute ist, wie es ihm ums Herz ist. Kein Lachen, kein Lächeln, keine fröhlichen Augen, kein grinsender Mund. Er ist traurig, erschöpft, abgetreten, fertig. Er kann nicht mehr stehen, nicht mehr springen und hüpfen. Nur noch vor sich hin sinnieren. Mit verschlossenen Augen. Ohne Maske, ganz bei sich, ist er so, wie er eben auch ist: ein Mensch, dessen Herz leidet, der weint und vielleicht auch ein bißchen ratlos ist, wie es denn weitergehen soll. Da helfen ihm auch die Bücher nicht. Die ganze Weisheit, die darin aufgeschrieben ist, kann ihn nicht aus der Tiefe holen, in die er geraten ist. Der verklungene Beifall, die Gage für diesen Abend – sie wiegen nicht auf, was schwer lastend auf ihm liegt. Vielleicht würde er gerne noch einmal den Vorhang aufmachen und ihnen zeigen, was hinter seiner Maske verborgen ist. Es war ein Spiel, das Spiel des Harlekins, das er ihnen vorgespielt hat, weil es von ihm erwartet wurde.

Selbst die Rose, die er zärtlich in seinen Händen hält, hat schon die meisten ihrer Blätter abgeworfen. Aber ihr Duft, der noch im Raum hängt, die letzten Blütenblätter, lassen in ihm die tiefe Sehnsucht wach sein nach Liebe und nach Wärme, die allein aufblühen und aufatmen lassen, wenn die Bravo-Rufe verstummt sind, die Musik beendet und das Licht erloschen ist, wenn alle heimgegangen sind und da einer sitzt, der leben will und dessen Herz traurig ist.

G. W

Der Mund kann lachen,
wenn das Herz auch traurig ist (Spr 14)

Ein düsterer Glanz liegt auf den vier Mülleimern, die das Bild zeigt. Der im Vordergrund stehende ist mit SK gekennzeichnet, so, wie Sieger Köder seine Bilder signiert. Die vier Mülleimer – ein biblisches Bild?

Für die Bibel hat Sieger Köder viele neue Bilder gemalt. Er hat ins Bild gebracht, was ihm bei ausgewählten Stellen wichtig war, was ihn angesprochen hat, welche Botschaft er weitergeben wollte. Aber es gab auch den anderen Weg: zu Bildern, die dem Maler viel bedeuten, die er liebgewonnen hat, wurden Bibelstellen gesucht, die dazu eine Aussage machen. Und so hat es sich auch bei diesem Bild verhalten. Nicht anders geht es beispielsweise auch Pfarrern, die zu einem Ereignis, einem Anlaß etwas sagen müssen und sich eine Schriftstelle suchen, die dazu eine Perspektive aufzeigt, eine Hoffnung vermittelt, eine andere Blickweise eröffnet. Warum ihm dieses Bild wichtig geworden ist, verrät uns Sieger Köder selber:

Als Lehrer am Schubart-Gymnasium in Aalen, wohnte Sieger Köder zu Hause bei seinen Eltern in Wasseralfingen. Der Vater hieß Sebastian Köder, also auch SK. Dieser war morgens immer etwas früher dran als der Sohn. Deshalb brachte er am Donnerstagmorgen den Mülleimer immer schon zur Abholung an die Straße hinaus, bevor Sieger Köder sich auf den Weg zur Schule machte. Der Mülleimer der Familie Sebastian Köder stand in einer Reihe mit denen der Nachbarn Otto Straub, Berthold Bezler, Dr. Scheurle. Ihre Namen lassen sich auf den Eimern noch entdecken.

Wenn Sieger Köder dann zum Bus ging, kam er wöchentlich einmal an dem Eimer vorbei, der die Buchstaben trug, mit denen er seine Bilder signierte. Oben schaut ein Blatt heraus, und vor dem Mülleimer liegt ein Fetzen Papier – vielleicht Entwürfe, zerrissene Bilder, verworfene Ideen, mißratene Versuche? Bis zum Treffen anderer Menschen im Bus, blieb ihm Zeit für eine heilsame Meditation: Was bleibt übrig von dem Geschaffenen? Welche Papiere, welche Zeichnungen, welche Testamente überleben? Welche Entwürfe, Ideen und Pläne werden verwirklicht? Was zeigt Wirkung? Oder, von einer späteren Warte aus gefragt: Welche Botschaften werden den Menschen weitergegeben, welche Predigtentwürfe, welche Arbeitspapiere überdauern?

Heilsame Fragen, um uns nicht zu wichtig zu nehmen. Zu überlegen, was wirklich trägt im Leben, fordert uns auch Kohelet heraus, wenn er sagt: Alles ist nichtig und wie ein Haschen nach Wind. *G. W.*

Mülleimer

Alles ist nichtig
und wie ein Haschen nach Wind (Koh 1)

Lied der Lieder« wird eines der Weisheitsbücher der Bibel überschrieben, weil es das Wunderbarste besingt, das es unter Menschen geben kann: die Liebe. Dieses »Hohe Lied«, wie es Martin Luther dann bezeichnete, inspirierte Sieger Köder zu diesem und zu den zwei folgenden Bildern. In einem Bildzyklus »Geschichte des Heiligen Geistes« wird dieses achte und letzte Fenster jetzt »Vollendung« genannt. Schon zu Beginn der Geschichte hat Gott seine Schöpfung »vollendet«, indem er »den Menschen schuf als sein Ebenbild. Als Mann und Frau schuf er sie« (Gen 1).
Und weil nach dem Bericht der Bibel der »ruach elohim«, der Geist Gottes, von Anfang alles durchdrang, leuchtet er sicher auch auf im Antlitz des Menschen, der als Mann und Frau Abbild des geheimnisvollen unsichtbaren Gottes sein darf. Wo immer also gelebt und geliebt wird, dort lebt und liebt auch Gott. Treffend sagt Alfons Rosenberg: »Gott ist in jeder leiblichen, in wahrer Liebe vollzogenen Umarmung der dritte im Bunde.« Das Bild »Vollendung« deutet es in Farbe und Form an:

Zwei Menschen berühren einander
und spüren: Sie rühren an ein Geheimnis.
Zwei Menschen hören die Stimme der Stille
und hören – die Stimme des Ewigen.
Zwei Menschen umarmen sich
und werden umarmt – vom starken Arm Gottes.
Zwei Menschen wollen sich vieles sagen,
im Zeichen der Rose sagen sie alles.
Zwei Menschen bangen um das Ende ihrer Liebe
und erfahren, daß Liebe nie aufhören wird.
Zwei Menschen sind füreinander Feuer und Flamme
und werden dann nicht verbrennen,
wenn dieses Feuer sich faltet zur Rose.
Doch Flamme und Rose einen
kann nur der Geist.
»Er bewirkt alles in allen« (1 Kor 12).
Und zwei Liebende erkennen: »Gott ist die Liebe.
Wer in der Liebe bleibt, bleibt in Gott,
und Gott bleibt in ihm!« (1 Joh 4).

Kein Wunder, daß das Frühjudentum und die Kirche in diesem Hohenlied der Liebe ein Bild und Gleichnis entdeckten für die bräutliche Liebe, ja sogar für den Ehebund zwischen Jahwe und Israel, zwischen Christus und Kirche, zwischen Gott und Mensch. Glücklich, wer in seiner menschlichen Liebe diesen verborgenen Partner Gott erkennen darf! Er weiß: Erst im Geliebtsein von Gott vollendet sich menschliche Liebe. Mit Gott zusammen wird vergängliche Liebe unvergänglich. Denn nur in Gott findet alles Geschaffene seine Vollendung. *T. S.*

Vollendung
Glasfenster Heilig Geist, Ellwangen
Das schönste der Lieder Salomos

Für mich eines der spannendsten Bilder dieser Bibel. Nicht nur, weil menschliche Liebe an sich zum aufregendsten in unserer Welt gehört, sondern weil hier Form, Farbe und Inhalt zusammen die Spannung fast auf die Spitze treiben. Keine Kulisse, keine Dekoration, nichts, was ablenken könnte. Alles läuft hinaus auf die entscheidende Frage: Was wird zwischen diesen beiden Menschen in Kürze geschehen?

Die Senkrechte teilt das Bild hart in ein Draußen und Drinnen, in einen hellen und dunklen Raum. Drinnen im Haus wartet eine junge Frau sehnsüchtig auf ihren Freund. Doch sie zögert. Das Fenster über ihr ist geschlossen und offen zugleich, so wie sie selbst sich durch ihren Schleier verhüllt und sich trotzdem einen Spalt weit zu öffnen scheint. Sie lebt zwischen Traum und Wirklichkeit. Sie träumt vor sich hin: »Sieh da, er kommt. Er springt über die Berge.« Keine Mühe wird ihm zu groß sein. Für sie tut er alles, meint sie.

Und dann hört sie: »Draußen steht er an der Wand unsres Hauses!« Und er sagt: »Meine Freundin, so komm doch! Vorbei ist der Winter. Die Zeit zum Singen ist da. Auf der Flur erscheinen die Blumen.« Eine davon, eine Rose, bringt er ihr mit und will damit sagen: Ich liebe dich. In der Mitte des Bildes – ein Zeichen, ein unscheinbares Zeichen, in dem aber doch alles aufscheint, was das Herz des Liebenden bewegt, aufwühlt; denn diese kleine Rose sagt nicht nur: »Ich hab dich lieb.« Sie sagt unausgesprochen noch mehr: Liebst du mich auch? Die nicht beantwortete Frage macht die Spannung des Bildes aus. Wir erfahren nicht, ob sie seine Bitte hört und erhört, oder ob er gegen eine Wand redet und umsonst wirbt und bittet. »Draußen steht er an der Wand unsres Hauses.«

Der Text fährt fort: »Er schaut durch die Fenster, späht durch die Gitter.« Auch wir sollten durch dieses Bild hindurchschauen wie durch ein Glasfenster einer Kathedrale. Durch das Licht, das nicht von uns kommt, erkennen wir: Die Erzählung der Bibel und die Darstellung des Malers sind gleichnishaft auch ein Bild für Gott und Mensch, für Christus und Kirche. Dabei gehört es sicher zum geheimnisvollsten, daß Gott nicht nur liebt mit unendlicher Liebe, sondern auch selber geliebt sein möchte von den Menschen. So wie Christus nach Ostern, als er Petrus dreimal fragte: »Liebst du mich?« Er wartete geduldig und sehnsüchtig auf eine Antwort. Er wartet darauf sicher auch heute.

Gott zwingt niemanden zur Liebe. Erschütternd beweist dies das Wort des erhöhten Herrn im Buch der Offenbarung: »Ich stehe vor der Tür und klopfe an. Wer meine Stimme hört und die Tür öffnet, bei dem werde ich eintreten. Und ich werde mit ihm Mahl halten und er mit mir« (Offb 3,20). Sind wir bereit und öffnen wir ihm? »Draußen steht er an der Wand unsres Hauses.« *T. S.*

Draußen steht er
an der Wand unsres Hauses (Hld 2)

Dieses dritte Bild aus dem Hohenlied ist dem ersten Bild »Vollendung« sehr ähnlich. Ort der Liebe ist dieses Mal nicht das Haus, sondern die freie Natur. Mit der Landschaft als Vorder- und Hintergrund gelingt es dem Maler, die Landschaft der *Seelen* sichtbar zu machen. Die Frau ist wie eine »Lilie unter Disteln« – eine innere und äußere Schönheit. Und der Mann »weidet in den Lilien«, genießt mit ihr zusammen den Zauber der Zärtlichkeiten. Er ist wie »ein Apfelbaum« (Hld 2), wie ein starker Baum, der dem geliebten Wesen Schutz und Geborgenheit schenkt. Seine Wurzeln aber hat er in der Liebe und Hingabe seiner Frau.

Auffallend die strahlenden Gesichter der sich Liebenden. Kommt dieses Licht vom Mond, der nach Chagall »die Sonne der Liebenden« ist? Oder strahlen die beiden von innen heraus, so daß der Glanz ihrer Herzen auch die dunkelste Nacht zu erhellen vermag? In den strahlenden Gesichtern im Dunkel erkennen wir: Die Liebe ist eine verwandelnde Kraft. Sie erzeugt Energien, mit denen sie auch übermächtigen Angriffen zu widerstehen vermag. »Stark wie der Tod ist die Liebe«, lesen wir in diesem letzten Kapitel des Hohenliedes. »Der Apfelbaum« – immer schon ein starkes Liebessymbol – könnte in diesem Kontext auch als »Baum des Lebens« gesehen werden, der dem, der liebt, unvergängliches Leben verleiht. Wer liebt, »ist aus dem Tod in das Leben hinübergegangen« (1 Joh 3).

Links unten das offene Tor, durch das der Geliebte eingelassen wurde. Später erinnert er seine Frau, was dann geschehen ist: Weißt du es noch? »Unter dem Apfelbaum habe ich dich geweckt.« Es gibt Orte und Stunden, die man nie mehr vergißt. Jemand kam und weckte uns auf wie aus einem tiefen Schlaf; weckte Kräfte in uns, die Unmögliches möglich werden ließen – vielleicht durch ein gutes Wort, eine spürbare Hilfe, eine mitleidende Träne, einen zarten Kuß.

Ein brasilianischer Befreiungstheologe erzählte uns, wie das gemeinsame Lesen des Hohenliedes für die Gemeinde zu einer neuen Hoffnung und Verheißung wurde, vor allem der Text: »Unter dem Apfelbaum habe ich dich geweckt. Leg mich wie ein Siegel auf dein Herz. Stark wie der Tod ist die Liebe. Ihre Gluten sind Feuergluten. Auch Ströme schwemmen sie nicht fort.« Der Theologe meinte: »Wenn wir so starke Beziehungen zwischen Mann und Frau und zwischen Menschen überhaupt gestalten können, haben wir vielleicht noch einmal eine Chance, daß Menschen zu Menschen werden. Und wir entdeckten, daß wir gerade *in* dieser Liebe – die leidenschaftliche Liebe Gottes zu *uns* erfahren.« Geheimnis der Liebe: *Gott* liebt in der Liebe! Auch wenn das Hohelied nie seinen Namen nennt, ist er ständig gegenwärtig, transparent. Wo immer Menschen lieben, lieben sie in der Kraft *seiner* Liebe; denn er, unser Gott, *ist* die Liebe (1 Joh 4). *T. S.*

Unter dem Apfelbaum
habe ich dich geweckt (Hld 8)

Auf winterlichem Feld steht eine Vogelscheuche. Aus Resten und Abfall entstand nicht nur etwas Nützliches, sondern auch Poetisches. Schnee und zerbeulter Hut weisen vielleicht auf Fasnacht hin. Die Vogelscheuche wird zum »Dummen August« und die närrische Gestalt zum Sinnbild menschlicher Existenz. Mir fällt der Begriff »verspieltes Leben« ein – und zwar im doppelten Sinn: das Leben als Spiel und Theater, als Maske und Kostüm, und das Leben als vertane Chance, als nichtgenutzte Gelegenheit.

»Wir alle werden alt wie ein Kleid«, heißt es in der Weisheitsliteratur des Alten Testaments. Und getragene Kleider hängen höchstens noch als Erinnerung an vergangene Tage im Schrank, zu nichts mehr nütze als zur Vogelscheuche oder zum Narrengewand. Allein die Rose – Zeichen von Liebe, aber auch von enttäuschter oder ausgegangener Liebe – verweist auf glücklichere, sonnigere Zeiten, selbst wenn sie unter der Schneeschicht erstarrt zu sein scheint. »Kleider machen Leute«, heißt es bei den Leuten von Seldwyla. Aber was ist, wenn das Kleid zerfällt? Dann bleibt nur noch das Gerippe, das Rückgrat, das Gerüst in Form eines Kreuzes. Ist dies Kreuz vielleicht des menschlichen »Pudels Kern«? Wie eine Puppe hängt ja das Halstuch am Kreuz; eine Marionette, die durch das Kreuz zum Leben erweckt werden könnte.

Spuren des vergangenen Herbstes, geernteter Frucht, zeigen sich im frostigen Acker. Bald wird ausgesät werden und neue Frucht kann wachsen. So auch das »Stirb und Werde« des Menschen, dessen Fleisch verwest und der doch im Tod das Leben erbt. Vogelscheuche – menschliches Gehabe – Äußerlichkeit, die durchschaut wird. Der Mensch hat sein Gewand abgelegt, ist weggegangen zu neuen Ufern, er lebt in anderen Gefilden.

Dem Narren gab man auf den Bildern des Mittelalters oft auch die gläserne Kugel der Vergänglichkeit (vanitas) in die Hand. Sie sollte die Nichtigkeit und Leere der irdischen Existenz versinnbildlichen. Damit wurde der Narr auch zur Erinnerung an den Tod, zum lebenden »Gedenken, daß du sterben mußt«. Auf einem Narrenbrunnen heißt es in nämlichem Sinn:

»Bedenck der Welt Wysheit und Bracht,
ist vor Gott ein Dorheit geacht.«

Aber in der Vergänglichkeit ist auch Nutzen und Schönheit – wie bei der Vogelscheuche Sieger Köders – Hoffnung und Freude. Auch wenn der Mensch zerfällt wie ein Kleid – aus Altem wird Neues. *P. R.*

Vogelscheuche
Alles Fleisch zerfällt wie ein Kleid (Sir 14)

Keinem harmlosen Gott begegnet Jesaja. Er schaut den Allmächtigen, dessen Gegenwart die Türschwellen des Tempels erbeben läßt (Jes 6,4). Angesichts des Feuers der göttlichen Liebe wird der Mensch sich seiner Schwachheit, seiner Lieblosigkeit, seiner Sünde bewußt: »Weh mir, ich bin verloren. Denn ich bin ein Mann mit unreinen Lippen« (Jes 6,5).

Es ist kein harmloser, sondern ein »feuriger« Gott, der Mose im brennenden Dornbusch erschienen war und ihm seinen Namen geoffenbart hatte: Jahwe: »Ich bin da.« Ich bin da für euch – mit euch. Die vier hebräischen Buchstaben seines Namens JHWH leuchten auch auf in dem Feuer, in dem Jesaja seinem Gott begegnet. Dieser »verdreht« ihm den Kopf: weg vom Dunkel der eigenen Schuld und der düsteren Situation seines Volkes – hin zu ihm, der wie ein Feuer Altes verglühen und neue Energie entstehen läßt. Mit einer glühenden Kohle berührt einer der Serafim, die den Thron Gottes umgeben, Jesajas Lippen und tilgt dadurch seine Schuld: im Feuer der göttlichen Liebe.

Wer Gott erfahren hat, kann nicht mehr ruhig für sich weiterleben. Der Kopf ist ihm so verdreht, daß er nicht nur Gott, sondern auch die Menschen im Blick hat. Gott erscheint nicht nur im Feuer seiner Herrlichkeit. Auch in denen, die hungrig und durstig, fremd und obdachlos, nackt und krank oder im Gefängnis sind, ist er gegenwärtig (vgl. Mt 25,31–45). Ihnen muß der Prophet weitergeben, was er empfangen hat. Deshalb ist Jesaja nicht nur der Kopf, sondern auch der linke Arm verdreht: Auf einem Blatt reicht er den Namen dessen weiter, der ihm verheißen wurde: Immanuel – Gott mit uns. Ihn hat er zu bezeugen inmitten aller dunklen Not, aus der eine Hand mit blutdurchtränktem Verband sich ihm hilfesuchend entgegenstreckt.

Wie vielgestaltig sind die leiblichen und seelischen Nöte, aus denen heraus Menschen sich ausstrecken nach Rettung, nach Leben, nach Liebe? Wie viele Menschen warten in ihrer aussichtslosen Not auf ein solches Zeichen der Nähe Gottes – und können doch nur schreien: »Mein Gott, mein Gott, warum hast du mich verlassen?« (Ps 22,2). Es nützt ihnen in dieser Situation nichts, wenn einer – auch noch so klug – Richtiges über Gott sagt. Nur der vermag Gott zu bezeugen, der selbst durchglüht wurde von der Erfahrung dessen, der Jahwe heißt – »Ich bin da«. Nur der wird glaubwürdig die Botschaft vom »Gott mit uns« weiterreichen, der sein Wort verinnerlicht hat. Sieger Köder hat das in seiner »Tübinger Bibel« in einem Bild zu Ez 2,9 – 3,1 dargestellt, das unserem in der Grundform sehr ähnelt: Der Prophet muß eine Buchrolle essen, die Gott ihm reicht. Er muß zuerst selbst die Botschaft schlucken und verdauen, bevor er sie weitergeben kann. In wem Gottes Wort lebendig ist, in wessen Herz das Feuer Gottes brennt, der wird für andere zu dem Ort, an dem sie dem »Gott mit uns« begegnen können. *B. E.*

Berufung des Jesaja
Das hier hat deine Lippen berührt (Jes 6)

In einfachster Form bringt der Maler drei Aussagen
des Propheten Jesaja in ein einziges Bild.
»Das Volk, das im Dunkel lebt, sieht ein helles Licht;
über denen, die im Land der Finsternis wohnen,
strahlt ein Licht auf« (Jes 9).
Die dunkle Fassung des Bildes erinnert an die Zeit
der Unfreiheit und Unterdrückung Israels in Ägypten,
aber auch an die dunklen Seiten in unserem Leben.
Die Nacht der Verzweiflung weicht dem Licht neuer Hoffnung.
Der Lichtstrom kommt von oben, von Gott.
Der Christ glaubt: Jesus ist dieses Licht.
Wer ihm folgt, »wird das Licht des Lebens haben« (Joh 8).
Die zweite Aussage des Propheten ist ein Wort des Gerichts:
»Bis die Städte verödet sind und unbewohnt, ...
bis das Ackerland zur Wüste geworden ist ...
Sie werden vernichtet wie bei einer Eiche,
von der nur der Stumpf bleibt, wenn man sie fällt« (Jes 6).
Hier wird nicht nur der Tod für alle und alles proklamiert,
hier spricht Gott ein unwiderrufliches Gerichtsurteil.
Der Maler zeigt dies bestürzend im Bild des toten Baumstumpfs,
dessen abgestorbene Arme wie ein Flehruf zum Himmel ragen.
Das dritte Wort des Propheten macht wieder Hoffnung:
»Doch aus dem Baumstumpf Isais wächst ein Reis hervor,
ein junger Trieb aus seinen Wurzeln bringt Frucht« (Jes 11).
Aus einem toten Stamm entsteht Leben.
Gott schafft und schenkt dieses neue Leben.
Israel darf wieder hoffen, alle dürfen hoffen.
Mag die Nacht noch so dunkel sein,
»das Licht leuchtet in der Finsternis« (Joh 1).
Mag der Tod scheinbar endgültig sein,
die Kraft der Rose ist stärker.
Sie wächst aus dem Tod, überwindet den Tod.
Sie leuchtet in der Mitte des Untergangs.
Sie spricht die Sprache der Liebe,
hier aber im Bild – spricht durch sie Gott:
Du, Mensch, »fürchte dich nimmer! Du bist mein.
Ich, der Herr, bin dein Gott, dein Befreier.
Fürchte dich nimmer! Denn ich bin mit dir« (Jes 43).
Die Rose soll dafür ein Zeichen sein:
wie teuer du mir bist, wie sehr ich dich liebe.

T. S.

Synodenrose Diözese Rottenburg-Stuttgart
Ein Reis wird hervorgehen
aus dem Stumpf Isais (Jes 11)

Welch ein Kontrast zwischen dem Grau im unteren Drittel des Bildes und den leuchtenden Farben oben! Gibt es so einen Kontrast nicht auch zwischen unserem grauen Alltag und den bunten Wunschträumen unserer Sehnsucht? Wir möchten unter Rosen wohnen, liebevoll einander zugewandt wie das Taubenpärchen. Panzer und Schwert, Kanonenrohr und Stacheldraht erinnern jedoch an all das Lebensfeindliche in unserer Welt. Nicht weniger gefährlich als die hier dargestellten sind die unsichtbaren Waffen: tödliches Schweigen und Spott, Verleumdung und Haß. Mißtrauen und Angst lassen Beziehungen versteinern. Im Hintergrund grinst da der Totenschädel!

Offenbar ist aber das Arsenal des Todes selbst dem Tod geweiht, auf der Müllkippe der Geschichte gelandet. Das Schwert ist abgebrochen, die Panzerkanone zerborsten. Aus dem Stacheldraht blühen Rosen, und die Öffnung des Kanonenrohrs ist zum Blumentopf geworden. Das Leben hat den Tod besiegt! Die Liebe ist stärker als der Haß!

Das ist es, was der Prophet mit weit geöffneten Augen und staunend erhobenen Händen vor sich sieht: Gegensätze sind überwunden, lebensgefährliche Bedrohungen beseitigt. Liebevolle Nähe ist möglich, wo bisher nur ängstliche Vorsicht, Flucht oder Kampf vor tödlicher Verletzung schützten. »Kuh und Bärin freunden sich an ... Der Säugling spielt vor dem Schlupfloch der Natter, das Kind streckt seine Hand in die Höhle der Schlange« (Jes 11,7a.8). Hier wird keine naturwidrige Idylle beschworen. Was mit den Tierbildern gemeint ist, lautet im Klartext: »Man tut nichts Böses mehr und begeht kein Verbrechen« (Jes 11,9a). Niemand braucht mehr Angst vor anderen zu haben. Friede herrscht, Schalom! Wie kann diese Vision Wirklichkeit werden?

1. Indem Menschen sich für solche Visionen öffnen und einander davon erzählen, so wie der Prophet es in der Leidenszeit seines Volkes getan hat! Wo viele Menschen sich mit dem grauen Alltag und anscheinend unüberwindlichen Bedrohungen des Lebens und der Liebe nicht abfinden, sondern gemeinsam den Traum von Frieden, Gerechtigkeit und Menschlichkeit träumen, dort können Visionen Wirklichkeit werden. Was vor 1989/90 niemand glaubte, geschieht inzwischen tatsächlich: Waffen werden eingeschmolzen, »Schwerter zu Pflugscharen« (vgl. Jes 2,4)!

2. Die Vision wird Wirklichkeit durch den, der von Gott gesandt und mit seinem Geist ausgerüstet ist! Als wehrloses Kind ist er in unsere Welt gekommen. Die Glut seines Erbarmens und seiner Liebe zerschmilzt die Kälte von Haß und Tod. Und wenn er auch selbst getötet wird: Gerade aus seinem Tod erblüht neues Leben!

3. Die Vision wird Wirklichkeit, wo Menschen in der Kraft seines Geistes nach seinem Beispiel leben und handeln: sich für Gerechtigkeit einsetzen den Hilflosen und Armen gegenüber und die Schuldigen nicht durch noch mehr Gewalt, sondern durch die Macht der Wahrheit besiegen! *B. E.*

Vision des Jesaja
Der Säugling spielt
vor dem Schlupfloch der Natter (Jes 11)

Welche Not steht im Vordergrund dieses Bildes! Verhärmte graue Gesichter, Frauen, zusammengekauert, in ihre Tücher gehüllt. Selbst der Säugling ist kein Bote der Hoffnung. Das Gesicht der Mutter blickt sorgenvoll auf das kleine Menschenkind in ihren Armen. Wie wenn sie sagen will: »In was für eine Welt bist du hineingeboren! Ich weiß nicht wie ich dich sattkriegen kann. Ob es dir warm genug ist? Du hast dir keinen gastlichen Ort als Heimat ausgesucht.« Auf der Flucht sind diese Frauen mit ihren Kindern. Der Treckwagen zieht das wenige Hab und Gut durch den Schnee. Auf diesem Zug ins Ungewisse sind Entbehrungen, Not und Sorgen ständige Begleiter. Was hält die Menschen am Leben? Wer bringt ihnen Hoffnung? Was stärkt sie zum Weitergehen?

Das Bild ist ein Ausschnitt aus dem Rosenberger Altar. Unter den notleidenden Müttern steht Rahel, die Stammutter Israels. Sie weint um die Kinder Israels – um die Heimatlosen in der babylonischen Gefangenschaft, um die grausam Getöteten des Kindermordes in Betlehem und auch um die notleidenden Kinder heute, die auf der Flucht, die in den Favelas, um die, die an Hunger, Durst oder an Liebe leiden. Klagend, mit fragendem Blick und fragendem Mund nach oben. Woher kommt den Menschen Hilfe?

Rückhalt gibt ihnen Sieger Köder mit der großen Verheißung des Propheten Jesaja: »Ich habe dich eingezeichnet in meine Hände« (Jes 49,16). Unterstützend nimmt die rechte Hand Gottes die Menschen und ihre Not auf, sorgsam, achtsam, ja zärtlich. Ihre Handlinien formen die Mutter mit ihrem Kind, gezeichnet als ein Sinnbild inniger Verbundenheit. Hier ist der Ort der Geborgenheit und Liebe. In Gottes Hand findet Heimat, wer ausgesetzt und vertrieben leben muß. Dort gewahren die Trauernden Trost, die Weinenden Freude, die Klagenden Hoffnung, die Verfolgten das Himmelreich. Diese Verheißung steht über aller Not und hinter allem Leiden. Die Mutter mit ihrem Kind spürt diese Heilszusage wie einen wärmenden Umhang, der sie vor Verzweiflung schützt und dem neuen Leben in ihren Armen eine Chance gibt. Gottes Verheißung will uns einhüllen in Hoffnung, daß wir uns seiner erinnern, was immer auch geschehen mag. Wer in Gottes Hand geschrieben ist, kann nicht mehr herausfallen – das ist das handfeste Versprechen Gottes damals und heute. *S. H.*

Ich habe dich eingezeichnet
in meine Hand (Jes 49)
Rosenberger Altar

Ein »gewachsenes« Bild. Das gilt für diese Darstellung hier ebenso wie für die letzten Texte aus dem großen Jesajabuch, die dem Maler als Vorlage dienen. Beide haben zunächst die Stadt Jerusalem und ihren »Aufbau« im Visier. Der Prophet der nachexilischen Zeit versucht den »Rest Israel« aufzurichten, den enttäuschten Heimkehrern Mut zu machen: »Wie einen Strom leite ich den Frieden zu ihr.« Seit dem 6. Jh. v. Chr. bis heute sehnt sich diese Stadt nach Frieden. Und dann: »Freut euch mit Jerusalem! Seid fröhlich mit ihr alle, die ihr über sie traurig wart.« Der Prophet weiß: Nur die Freude, vor allem die Freude an Gott, kann Lethargie und Gleichgültigkeit überwinden.

Der Grund zur Freude? Aus den Häusern, Mauern, Zinnen, Türmen und Kuppeln, aus dem toten Gestein wächst die Gestalt einer Frau. Die Stadt Jerusalem wird zur sorgenden, liebenden Mutter: »Trinkt und labt euch an ihrem mütterlichen Reichtum. Ihre Kinder wird man auf den Armen tragen und auf den Knien schaukeln.« Was für eine Vision einer menschlichen Stadt! Die Menschen sind herzlich zueinander – wie eine gute Mutter zu ihren Kindern.

Spätestens jetzt wird die Stadt Jerusalem zu einem Bild auch für das Gottesvolk Israel, wir dürfen sagen: auch für die Kirche. Dort sollten sich die Menschen geborgen fühlen, wie zu Hause. Dort sollten sie Verständnis und Zuwendung erfahren. Aus dieser Stadt sollte niemand ausgegrenzt werden – aus der Stadt der Liebe und Zärtlichkeit. Dann – und erst dann ist die Kirche eine »Mutter Kirche«.

Das Wort des Propheten und entsprechend der Sinn dieses Bildes gehen noch weiter. Aus der Stadt Jerusalem, aus dem Gottesvolk heraus wächst ein neues Gottesbild. Hinter der mütterlichen Gestalt Jerusalem, hinter dem mütterlichen Gottesvolk leuchtet auf – der mütterliche Gott: »Wie eine Mutter ihren Sohn tröstet, so tröste ich euch.« Wie eine Mutter! Ja, ich bin zärtlich mit euch. Ich werde euch auf meinen Armen tragen. Ihr dürft auf meinen Knien schaukeln. Ich werde euch trösten, wenn ihr euch elend fühlt. Ich bin immer für euch da. Vertraut mir! Bei mir seid ihr geborgen.

Ein Papst, zu deutsch Vater, hatte 1978 nur diese eine Botschaft: »Gott ist unser Vater, noch mehr: Er ist uns auch Mutter!« Die Welt horchte auf. Nach 33 Tagen starb er als Papst Johannes Paul I. Er verkündete das Evangelium, wie es lange nicht mehr gehört wurde: Gott – unendlich gut wie eine Mutter. Ein Bild, nach dem die Menschheit sich immer schon sehnt. »Wenn ihr das seht«, sagt der Prophet, »wird euer Herz sich freuen und ihr werdet aufblühen wie frisches Gras. So offenbart sich die Hand Gottes an seinen Knechten.« Es ist die Hand – einer liebenden Mutter. *T. S.*

Ihre Kinder wird man
auf den Knien schaukeln (Jes 66)

Ich sehe: Ein Mensch, die Knöchel in schwere Holzpflöcke geschraubt, hockt auf einem Trümmerhaufen. Zu seiner Linken wie zu seiner Rechten die Fassaden zerstörter Häuser, die einst eine Prachtstraße säumten. Fensterhöhlen öffnen sich ins Leere: keine Blume, kein Baum, kein Vogel, kein Du für den, der nackt an diesen Ort gefesselt sitzt. Übergroß in seiner erbärmlichen Menschlichkeit. Die Knie angezogen, den rechten Arm um den Leib gewinkelt, der Kälte wegen: Wer »ganz unten« ist wie er, friert von innen. Nichts ist ihm geblieben als der Blick nach »oben«. Nach oben öffnet sich die linke Hand, nach oben wendet er das Gesicht: Augen, randvoll von Bildern des Schreckens, blind von ungeweinten Tränen, der Mund geöffnet zu wortlosem Schrei: Ihm scheint keine Sonne, leuchtet weder Mond noch Stern, kein Engel, kein Trost vom Himmel. Der Jammer dieses Menschen verhallt im schieren Nichts.

Ich erkenne: Jeremia, den Sohn des Priesters Hilkija aus Anatot. Seit dem Jahr 628 v. Chr. berufener Gottessprecher in Jerusalem. Die Stadt ist sein Schicksal, ihr gilt sein Wort: Zerstörung und Untergang. Jeremia hat keine Frau, keine Kinder, ist Zeichen dafür, daß es keine Zukunft gibt. Er lädt sich das Ochsenjoch auf die Schultern – wird Abbild eines Volkes, das in die Verbannung ziehen muß.

Die Botschaft bringt Jeremia in Konflikt mit den Mächtigen. Er entlarvt Untreue und Abfall von Gott, bringt die Priester und seine beamteten Kollegen, die Hofpropheten gegen sich auf. Sie beschuldigen ihn der Gotteslästerung, erteilen ihm Rede- und Tempelverbot.

Vom König verlangt er, daß er sich der Weltmacht Babylon, die mit gewaltigem Heer auf Eroberung zieht, kampflos unterwerfe, und macht sich die Militärs und Minister zu Feinden. Der König selbst läßt sich in seinem Winterhaus die Worte des Propheten vorlesen und wirft sie mit eigener Hand, Spalte um Spalte, ins Feuer.

Jeremia geht in den Untergrund, wird gesucht, verhaftet, geschlagen und gefoltert. Wenn Ebed-Melech – ein Äthiopier! – sich nicht beim König für ihn eingesetzt hätte, wäre er in der Zisterne verhungert. Als ein im Wachhof Gefangener erlebt er, wie bitter es sein kann, »recht« gehabt zu haben: Nach eineinhalbjähriger Belagerung ziehen die babylonischen Truppen siegreich in Jerusalem ein (587 v. Chr.).

Die Nacht, in der Jeremia auf Weisung des Oberpriesters Paschhur in den Block geschlossen sitzt – jene Nacht, in der ihm die Zerstörung von Stadt und Tempel vorweggenommene Wirklichkeit wird – ist nur ein Glied in der Kette von Niederlage und Scheitern, zu der sich das Leben des Priestersohns aus Anatot fügt, der (das kann nicht bloßer Zufall sein!) Jeremia heißt. »Jeremia« bedeutet: »Gott erhöht«. *E. B.*

Jeremia
Da ließ er ihn schlagen
und in den Block spannen (Jer. 20)

Ein Bild der Klage: Sieh her, sieh an, »sieh mein Elend und meine Plage«, so spricht die ganze Haltung der Frau, ihr Gesicht, die geöffneten leeren Hände in ihrem Schoß. Die Frau hält ihr Elend dem entgegen, dem sie sich nach oben ins Licht zuwendet. Der halb geöffnete Mund, die tiefliegenden dunklen Augen fragen: »Warum, weshalb?« Die großen schweren »verschafften« Hände einer alten Frau, die viel gearbeitet hat, halten nichts zurück und bieten die Mühsal und den Jammer dar. Aber sie schaut aus nach jemandem, nach etwas, sie ist in Erwartung einer Antwort, einer Reaktion.

Jeremia schreibt diesen Text an das Volk Israel in der babylonischen Gefangenschaft. Es sind die von den Assyrern umgebrachten oder deportierten Angehörigen der Stämme Efraim, Manasse und Benjamin die Rahel, ihre Ahnmutter, beweint. Rahel wird im Buch Genesis als die Frau Jakobs geschildert, die Mutter Josefs und Benjamins. Jeremia setzt den Namen der Ahnmutter Rahel für Generationen von Müttern Israels, so wie z. B. in den Psalmen der Name »Jakob« für das ganze Volk Israel steht. Und er verknüpft die Klage Rahels mit der Verheißung: »Es gibt einen Lohn für deine Mühe ... sie werden zurückkehren aus dem Feindesland. Es gibt eine Hoffnung für deine Nachkommen ...« (Jer 21, 16f.). Auch in der völligen Trostlosigkeit verkündet der Prophet den Spruch Jahwes, daß er Neues schafft, daß er das böse Schicksal wenden wird, daß er sich erbarmt, Umkehr und Heimkehr ermöglichen wird.

Im Hintergrund der klagenden Rahel sehen wir Kinder und ihre Mütter. Sieger Köder erinnert mit ihnen an die Mütter und Kinder, die 1945/46 aus den Lagern kamen, Heimatvertriebene, die im Schwäbischen (in der Gegend um Ellwangen) ihre neue Heimat fanden. Im Nachkriegselend brachten sie die Erfahrungen mit, über die gerade die Frauen – immer wieder Opfer und Leidtragende von Krieg und Vertreibung – durch die Jahrhunderte menschlicher Geschichte geklagt, geweint und die sie herausgeschrien haben. In den Hintergrund dazu malt Sieger Köder in verhaltenen Farben und Bildern die verheißene Zukunft, das Leben, das neu beginnen kann. Die weiße Taube, abgehoben von den düsteren Elendsfarben, erinnert an die Taube, die nach der Sintflut mit dem grünen Zweig Land in Sicht verkündet, Hoffnung auf Leben. Sie ist zum Symbol des Friedens, des Shalom geworden, sie erhellt die Gesichter der Kinder, die sie in Händen halten.

Warum das Elend? Nie werden wir Antwort erhalten auf diese Frage. Gut ist es, wenn Menschen klagen und ihr Elend äußern können. Heilsam ist es, wenn sie sich einem Gegenüber zuwenden können, ein Segen ist es, wenn Jahwe, wenn Gott durch Prophetinnen und Propheten in Worten und Bildern die Hoffnung auf Neubeginn, auf Leben und Heil wachhält.

So lädt dieses Bild ein, die Klage zuzulassen und auszudrücken, sich nicht im Elend zu vergraben, sondern sich an Gott zu wenden, Zeichen der Hoffnung – hier ausgedrückt in den Rosen – wahrzunehmen und die Botschaft vom Leben weiterzusagen. *G. C.*

Rahel weint um ihre Kinder (Jer 31)
Rosenberger Altar

Ein Loch in die Mauer und durchkriechen, sagst du, Herr. Ein Zeichen, sagst du. Mit Reisegepäck und Stab soll ich hindurch. Gut, sieh, da krieche ich schon durch die Öffnung.

Die Mauer durchbrechen, das war ein Problem, das siehst du hier an dem Backsteinhaufen da. Es wäre leichter gewesen, am Seil über die Stadtmauer heruntergelassen zu werden, im Korb, aber du wolltest den Durchbruch. So hieb ich erst einen Spalt ins Gemäuer, dann brach von selbst eine Luke heraus, immer nicht groß genug für einen Mann, wie ich noch mit Reisegepäck. Bis schließlich – die Leute lachten sich krumm hinter mir inzwischen – der Durchbruch gelang.

Was aber jetzt, was soll's denn jetzt, Herr, mit mir? Erkläre du ihnen, was du damit meinst, mit dem Loch im Gemäuer und dem Tölpel darin, noch das rechte Bein eingeklemmt, halb drinnen, halb draußen, und hinter mir grinsen und lärmen sie. Schimpfen wegen des Mauerschadens, wer jetzt das Loch wieder vermache. Herr, es war noch nie anders, ich war schon immer ein Narr.

Aber ich krieche nicht nur, mein Gott, ich sehe hindurch, ich seh durch den Mauerwall, sehe dich dastehn. Die Mauer, die Mauer, das sind nicht Steine, sie ist ein Bild, ein Zeichenbild für die Lage des Menschen, wie sich's verhält zwischen ihm und dir. Er eingemauert im tödlichen Drinnen. Du draußen, im raumlosen Draußen, im Jetzt und im Licht deines herrlichen Lebens. Dann kommt aber Einer, der tut, was du sagst. Man hört Hämmern und Schlagen, da bricht einer durch und zusammen. Das Loch wird sein Grab. Aber die Mauer ist offen. Die Weltmauer, die Menschenmauer, aus Sünde um Sünde, zu Stein erstarrter Sünde errichtet.

Leute, Gott selber kroch durch das Todesloch, ein Jude, Gott.

Er hat uns aus dem Gefängnis heraus zu sich hinüber geholt.

Das Bild könnte man »Ostern« nennen. *S. W.*

Ezechiel
Brich ein Loch durch die Wand (Ez 12)

Die Welt ist des Todes. Die das Leben bedrohende Nacht erfüllt den Raum zusammen mit dem Gelb des heißen Wüstensandes, der alles versengt. Bleiches Gebein liegt in schauerlicher Willkür in Haufen durcheinander. Erinnerungen an schreckliche Bilder aus den Lagern des Grauens der jüngsten Vergangenheit stellen sich ein. Die Starrheit des Todes kann sich todbringend auf alles Lebendige legen, wenn der geistlose Buchstabe regiert. LEX – Gesetz ist aus bleichen Gebeinen geformt. Es bedroht alles, was lebt, durch unerbittliche Verbote. Selbst untergetaucht bis zum Grund der Hoffnungslosigkeit kauert die Gestalt des Propheten Ezechiel im ockerfarbenen Gewand: er selbst ein Verbannter unter Verbannten.

Doch da geschieht es! Die Macht des Geistes ergreift ihn. In breitem dunklen Strom weht er herab und erfüllt alles mit mächtiger Bewegung: das Gesicht des Propheten ist nach oben gekehrt. Die Augen scheinen bald weit geöffnet, bald geschlossen. Eine innere Schau wird ihm zuteil, und zugleich macht er den Eindruck eines aufmerksam Horchenden. Wie unter dem Zwang der Ekstase beschreibt er die Schriftrolle mit den Worten, die er hört: »Ich bringe Leben in euch...«

Und das Leben bringt Bewegung in die Starre der Totengebeine. Gefesselte Hände werden frei; aus den Gerippen formen sich Leiber mit schwellenden Gliedern und Gesichter mit offenen Augen und Mündern. Sie schweben wie Schwimmer, die tief ins Wasser getaucht sind, mühelos nach oben im Sog des mächtigen Stoßes, der da von oben her in ihre Grabeswelt gefahren ist.

Und dazwischen wird wie in einem Spalt die Zukunft sichtbar, die der Prophet verheißt: Da sitzen sie um einen Tisch mit gefüllten Bechern und gebrochenem Brot. Menschen von damals – Menschen von heute; Junge und Alte; Gesunde und Verwundete; Nahe und Ferne. »Viele werden vom Aufgang und Niedergang kommen und im Reiche Gottes zu Tische sitzen!«

Der Geist des Lebens ist der Vater der Armen und der Tröster der Verlassenen. Er erweckt aus dem Tode, indem er in die Gemeinschaft der Menschen führt. Der Geist schafft Gemeinde. *H. L.*

Vision des Ezechiel
Glasfenster Heilig Geist, Ellwangen
Können diese Gebeine
wieder lebendig werden? (Ez 37)

Ein Wurzel-Jesse-Bild aus dem Wasseralfinger Altar, die zweite Tafel der vierteiligen Weihnachtsfront. Verständlich wird dieses Bild im Zusammenhang mit dem Bild auf S. 191. Dieses zeigt in Form einer Passionsblume das neue Reis aus dem alten Wurzelstock Isais. Im Bild hier, das rechts daneben liegt, geht die Verheißung des Propheten Micha in Erfüllung (Mi 5,1).

In der Mitte des neu aufblühenden und belaubten Baumes aus der Wurzel Jesse sitzt Isai, der Vater Davids. In seinem Schoß die Silhouette des heutigen Betlehem – die Stadt, wie sie sich von den Hirtenfeldern aus gesehen am Hang hinaufzieht. Darunter, bereit für das Ereignis der Geburt, die mit Windeln ausgelegte Krippe, daneben der Ochse, der seinen Besitzer kennt, und darunter der Esel. Er trägt die hochschwangere Mutter und ihr Kind, treu begleitet und behütet von Josef, dem Mann Mariens, von der Jesus geboren wird, der der Christus, der Messias genannt wird und biologisch ein Sohn Davids ist.

Überstrahlt wird das Geschehen vom Licht aus der Höhe in Form einer Christrose, jener Weihnachtsblume, die an das Weihnachtslied von der Wurzel aus Jesses Art erinnert, die mitten im kalten Winter wohl zu der halben Nacht ein Blümlein hervorbringt (vgl. Gotteslob 132).

Wärme und Geborgenheit, Bereitschaft, Gehorsam und Ergebung in den Heilswillen Gottes, außerdem aber auch Verwurzeltsein, Eingebundensein in den Stammbaum der Menschheit von Abraham und Isaak über Isai und David bis hin zu Jesus, dem Christus – das sind Empfindungen, die sich beim Betrachten dieser Tafel einstellen. Was die Kindheitsevangelien von Maria und Josef sagen, wie Verheißung und Erfüllung miteinander korrespondieren, das ist von Sieger Köder gelungen in der vierteiligen weihnachtlichen Bilderfront dargestellt (vgl. dazu auch die Bilder auf S. 191 und S. 41).

Der vorliegende Ausschnitt ist ein Bild für den Advent, in seiner Ruhe auch ein Bild gegen vorweihnachtliche Hektik und ein Bild mit der Anfrage an den Betrachter: Und du, bist du bereit, ihn aufzunehmen, wenn er auf Herbergsuche bei dir anklopft? *H. N.*

Betlehem-Efrata,
aus dir wird einer hervorgehen (Mi 5)
Wasseralfinger Altar

Neues Testament

Frauen und Männer sind in Stamm und Blätterwerk eines Baumes in systematischer Anordnung abgebildet: der »Stammbaum Jesu Christi, des Sohnes Davids, des Sohnes Abrahams« (Mt 1,1). Mit Abraham, dem Vater des Glaubens, beginnt es unten im Stamm. Über ihm König David mit der Zither vor einer Schriftrolle. Mit verhülltem Gesicht links neben ihm Tamar, mit dem Ring in der Hand, mit dem sie, eine Kanaaniterin, ihren Schwiegervater Juda an seine Vaterschaft erinnert. Ihr gegenüber Rahab, die Dirne aus Jericho mit dem Seil, an dem sie die versteckt gehaltenen Kundschafter an der Stadtmauer herab läßt.

Über ihnen Josef links und Jojakin rechts – zwei weitere Männergestalten, die die strenge Gliederung des Stammbaums verdeutlichen. Von Abraham bis David sind es 14 (2 x 7) Generationen, von David bis zur babylonischen Gefangenschaft 14 Generationen. In dieser Zeit des Exils war Jojakin König, »er tat, was Gott mißfiel...« (2 Chr 36,5). Von dieser Zeit bis zu Christus sind es weitere 14 Generationen, Josef, der Mann Marias, »von ihr wurde Jesus geboren«, steht als gesetzlicher Vater Jesu am Ende des Verzeichnisses. Sieben, eine heilige Zahl im Alten Testament, 6 x 7 Generationen, ein Hinweis auf das Heilswirken Gottes. Über ihnen links Batseba, die Frau des Hetiters Urija, mit ihrem Sohn Salomon, aus einer außerehelichen Verbindung mit David geboren. Oben rechts ist Rut, die Moabiterin, Schwiegertochter Noomis, abgebildet mit den Ähren, die sie auf dem Feld ihres »Lösers« Boas gelesen hat. Schließlich in der Baumkrone Jesus mit Maria und Anna im Motiv der Anna Selbdritt dargestellt.

Die Geschichten der Stamm-Mütter und -väter im Alten Testament sind Geschichten von Glauben und Liebe, aber auch von Gewalt und Unrecht, von Klugheit und List, von Trennung, Flucht, Unglück, Tod und Ausweglosigkeit. Israel begreift und beschreibt die Geschichte seines Volkes als eine, in der Gott wirkt und in der er sich offenbart. Gott webt und wirkt seine Geschichte, seine Offenbarung, sein Heil in die Geschichte der Menschen ein, gibt ihr sozusagen das Muster. Und daß die Geschichte zum Ziel findet, ist nicht Leistung oder Verdienst oder Heldentum von Menschen, sondern Gnade, Frucht des Glaubens und Geschenk. So gibt der so harmonisch angeordnete Stammbaum eine Sicht wieder, die in Heil und Unheil des Volkes Israel Gottes Heilswirken erkennt, die in der Menschwerdung Gottes, in Jesus Christus gipfelt. Dies ist auch ein Grundanliegen des Evangelisten Matthäus, nachzuweisen, daß sich in Jesus Christus die Verheißungen der Schrift erfüllt haben.

Sieger Köder würdigt in seinem Fenster die Frauen, die der Stammbaum aufzählt. Er macht die Frauen sichtbar, die – bis auf Maria – das Schicksal vieler Frauen in der jüdisch-christlichen Tradition teilen, sie blieben unsichtbar. Und doch hat Gott durch sie Heil gewirkt, hat zu ihnen gesprochen, hat sie beauftragt, gesandt, ebenso wie die Männer, Propheten, Richter und Könige im Volk Israel. Sein Heilshandeln zu verkündigen bliebe halbiert, würden ihre Geschichten weiter zurückgestellt oder verschwiegen. Wir haben nicht nur Väter, sondern auch Mütter im Glauben. *G. C.*

Stamm-Mütter
Glasfenster St. Moriz, Rottenburg
Stammbaum Jesu Christi, des Sohnes Davids, des Sohnes Abrahams (Mt 1)

Und sind gekommen, ihn anzubeten. Aber bis dahin ist es noch eine Weile. Das geht nicht so schnell, vom ersten Sehen bis zum Erreichen des Zieles. Da war eine Hoffnung, die ahnen ließ und die sehnsüchtig machte, eine Unruhe, die fragen und suchen ließ. Da war eine Ungewißheit, die bedürftig machte und spüren ließ, allein ist das gar nicht möglich, diesen Weg zu gehen und das Ziel zu finden. Gemeinsamer Aufbruch, miteinander losgehen und einander bestärken. Denn mit dem ersten Sehen ist es nicht getan. Unsicherheiten müssen in Kauf genommen werden, Schritte müssen gewagt sein, Unbekanntes muß ausgehalten sein. Zwischen dem ersten Aufscheinen und dem Am-Ziel-Sein steht der Glaube, das Abenteuer, das Suchen, Fragen, Zweifeln und Stolpern. Da müssen sie nach oben blicken, um den Stern, das Wegzeichen nicht aus dem Auge zu verlieren. Da müssen sie zusammenbleiben, weil der eine sich besser in den alten Schriften auskennt, der andere in den Aufzeichnungen derer, die ein Stück Weg schon gezeichnet haben, und der dritte eben sich am Himmel besonders gut auskennt. Einer wird für den anderen zum Deuter, zum Weggefährten, zum Zeugen. »Der Weg ist das Ziel«, sagen die alten Pilger, weil unterwegs schon aufleuchtet, was am Anfang und am Ende steht: ein Licht, das Herz, Gedanken und Sinne erhellt. Wer Gewißheit erlangen will, ob es der rechte Weg und das richtige Ziel ist, muß sich immer wieder vergewissern: Woher komme ich, wo stehe ich jetzt und wo will ich hin? Orientierung tut not. Glücklich, wer sich dabei auf andere verlassen kann, wer verläßliche Zeugen kennt, die aus demselben Geist, derselben Hoffnung und demselben Glauben schon gesucht, gefragt und geschaut haben. Es bleibt ja noch immer die Herausforderung für jetzt, für mich und die Frage, ob ich mich traue, ob ich vertraue und mich führen lassen will, ob ich dem Stern am Himmel folge, wenn ich ihn denn zum ersten Mal gesehen habe. Die Zeichen erkennen, das geht nicht im Vorübergehen. Glauben, das hat man auch nicht einfach ein für alle mal. »Der Weg ist das Ziel«, ja aber auch:»Das Ziel ist der Weg«; wie für Abraham und Mose, für Gottes Volk durch Wüsten und Durststrecken, so auch für die »nach Christi Geburt«, die Damaligen und die Heutigen. Um auf dem Weg zu bleiben und im Ziel zu sein, bedarf es der Einkehr, der Pause und der geschwisterlichen Beratung. Es braucht die Erleuchtung von oben und das Licht, das mir durch den anderen aufgeht. Und nach der Einkehr kann ich wieder weitergehen, mich über das schon Erreichte freuen und mich neu begeistern lassen vom Weg, von der Aussicht, daß mir nicht verlorengeht, was ich schon vor dem ersten Aufbruch gesehen habe. *W. T.*

Wir haben seinen Stern gesehen (Mt 2)

Unter den vielen Lehrgeschichten, die uns von Jesus überliefert sind, ist diese eine fast volkstümliche geworden. Ihre Weisung hat sich ausformuliert in den »sieben Werken der leiblichen Barmherzigkeit«. Auffallend nur, daß zu den sechs bei Matthäus aufgezählten noch ein siebtes dazugekommen ist: Tote zu begraben. Die Gestalt des Tobit im Alten Testament ist wohl Modell dafür. Vielleicht können wir heute sagen, daß in diesem »siebten Werke« weniger die übliche Beerdigung gemeint ist als die Begleitung Sterbender und die Bewahrung des Gedächtnisses an die Toten.

Daß sich diese Werke volkstümlich überliefert haben, ist gewiß kein Zufall. Von den vielen, schwerer verständlichen Reden des Rabbi Jesus ist das eine, die jeder für sich übersetzen kann. In dieser Rede ist Jesus nicht der Ferne, zum Vater Gegangene. Hier geht es um sein Gegenwärtigsein, Verweilen unter uns. Noch immer identifiziert er sich mit dem Leiden dieser Welt.

Das Mädchen im roten Gewand füllt den Becher eines Menschen, der ihr gegenübersteht. Aber in diesem Augenblick schaut sie ihn nicht an, sondern einen anderen, Größeren, den wir im Bild nur ahnen, aber nicht wahrnehmen. Dieser Größere bricht Brot auseinander und gibt ein Stück in die leeren Hände eines Schwarzen. Von diesem »Unbekannten« nimmt sie den Auftrag zu sehr konkreten Werken des Dienens. Und während sie das vollzieht, was sie als Weisung verstanden hat, scheint jener, der ihr den Becher hinhält, sich wirklich in Jesus zu wandeln. Ein faszinierendes Dreieck zwischen Weisung und Wirklichkeit.

Sieger Köder setzt die Fortsetzung der Werke der Barmherzigkeit in kleine Szenen um, die uns vertraut sind aus unserem Leben: eine Nonne reicht einem Kranken die Medizin; der Besuch im Knast wird zur stärkenden, vertrauensvollen Umarmung; das Plakat mit der Bitte um unsere Kleider kann nicht übersehen werden und läßt deshalb ständig nachdenken über unseren Überfluß; die blau gewandete Frau schlägt nicht gleich die Tür zu, wenn der Vertreter von Behinderten Waren anbietet; und auf dem Grab draußen stehen Zeichen liebevoller Erinnerung.

Es fällt uns nicht schwer, über diese Szenen hinauszudenken. Denn es erscheinen uns heute noch ganz andere Formen von Existenznot. Hunger und Durst nach Befreiung, einsam und an Schuld leidend, vergessen werden und traurig sein – ein Strom der menschlichen Misere umgibt uns, und wir sind mitten in ihm.

Seit Jesus Mensch war, manifestiert sich im Leiden seine Gegenwart. Und so wie jeder sonnenhelle Morgen uns an die Fülle der Schöpfung erinnert, mag uns in jedem Schmerz seine Solidarität mit uns überwältigen.

Nicht, weil uns eine Belohnung versprochen wird, wenden wir uns dem anderen zu. In der Zuneigung vollzieht sich der Akt der Begegnung. Wenn wir, unser eigenes Leid übersteigend, einem anderen begegnen, ist ER in unserer Nähe.

M. S.

Ihr habt mir zu essen gegeben (Mt 25)

Vordergründig ist dieses Bild eine Illustration zum Brotvermehrungswunder (Mt 14,15–21): Brot wird gebrochen, nach vorn weitergereicht, den leeren Händen der Hungernden übergeben. Hintergründig ist es ein »Suchbild«: Wo bin ich darauf zu finden? Wo finde ich Gott?

Gehöre ich zu denen, die ihre Hände ausstrecken, weil ihnen Entscheidendes zum Leben fehlt: Brot, Kleidung, Geld, Gesundheit, Geborgenheit, Liebe? Wenn ich das Bild in die Hand nehme, entsprechen meine Hände in ihrer Haltung genau den beiden äußeren! Oder bin ich derzeit bei denen zu finden, die mit austeilen? Da gibt es solche, die geradezu hineinverknotet sind in das Geschehen von Empfangen und Weitergeben; solche, die voll Freude erfahren, daß »geben seliger ist als nehmen« (Apg 20,35), aber auch jene, die fast zerrissen werden zwischen dem eigenen Sich-Ausstrecken und den Erwartungen der Nächsten. Mancher sieht die Not der anderen – und kann doch selbst nur seine Arme ins Leere ausstrecken. Einer steht zwar mittendrin im Getriebe, ist aber unbeteiligt daran, wendet uns den Rücken zu. Dunkel ist es um ihn herum.

Wo finde ich mich auf diesem Bild? Und was habe ich weiterzugeben? Brot: was man zum alltäglichen Leben braucht an Lebens-Mitteln? Der Mensch lebt aber »nicht nur von Brot, sondern von jedem Wort, das aus Gottes Mund kommt« (Mt 4,4)! Deshalb wird auch ein Brief weitergegeben: das Wort, das einen anderen anspricht, ernst nimmt, aufrichtet, ihm einen Weg weist, das »Wort des lebendigen Gottes«. Schließlich dürfen Rosen nicht fehlen: Zeichen der Zuneigung, der Zärtlichkeit, der Liebe!

Und wo ist Gott zu finden auf diesem Bild – und im Alltag unseres Lebens? Wie meist bei Sieger Köder, ist er nicht direkt zu sehen! Es ist mit dem Bild wie mit der Kirche: Gott bildet den Hintergrund, den Ausgangspunkt des ganzen Geschehens. Vordergründig verteilen Menschen, was sie haben. Ohne ihren Beitrag – und wenn er noch so gering ist: fünf Brote und zwei Fische (Mt 14,17) – wirkt Jesus kein Wunder. Aber all ihr eigenes Bemühen könnte das Entscheidende nicht bewirken: Erst Gott läßt aus Mangel Fülle entstehen, wo sie in Liebe geben und im Glauben ihm alles zutrauen. Wo ist Gott? Er, der Geber, ist gegenwärtig in seinen Gaben: Er ist selbst das *Brot* des Lebens, das einzige Lebens-Mittel zum unbegrenzten, ewigen Leben (vgl. Joh 6,35.48–51). Er begegnet in seinem *Wort*, ja er ist selbst das Wort, in dem das Leben ist (vgl. Joh 1,4). Wir können ihn erfahren in der *Liebe*, für welche die Rosen Zeichen sind: Denn Gott ist die Liebe, und jeder, der liebt, erkennt Gott (vgl. 1 Joh 4,7f.). Und er begegnet uns in den Notleidenden, die ihre Hände nach unserer Hilfe ausstrecken. Jesus begegnet uns als der Auferstandene: Immer wieder finden wir auf den Osterbildern von Sieger Köder Gräber, von Rosen überwuchert. Solche »Oster-Rosen« tragen uns die Frauen entgegen und verkünden: Er ist wahrhaft auferstanden! *B. E.*

Gebt ihr ihnen zu essen (Mt 14)

Der Frühjahrsvollmond scheint durch die Zweige des Ölbaums. Eine Nacht kurz vor dem Paschafest. Getsemane muß den Jüngern vertraut gewesen sein, ein Ölbaumgrundstück auf der anderen Seite des Kidrontales, Jerusalem gegenüber. Sie kannten das doch: er brauchte die Einsamkeit im Gebet. Seine drei Freunde nimmt er mit: Petrus, Johannes, Jakobus. Was hat er von ihnen erwartet? Er wollte sie in der Nähe haben in der Stunde tiefster Angst und Betrübnis. Die drei aber schlafen. Jakobus hüllt sich in seinen Mantel, Petrus hört man schnarchen, Johannes ist der Kopf schwer geworden. Vielleicht hat er noch am einfühlsamsten die Not des Rabbi gespürt.

Matthäus, Markus und Lukas gebrauchen in ihrem Bericht die Steigerung der Dramatik durch die dreimalige Wiederholung: Jesus kommt und sucht die Gemeinschaft der Brüder: »Simon, du schläfst! Warst du nicht stark genug, eine Stunde zu wachen?« Vielleicht haben sie sich später schamvoll an diese Szene erinnert: Er hätte sie in seiner großen Angst gebraucht, ihr Wort, ihr Dasein, ihre Umarmung, ihren Trost. Nichts von dem ist spürbar. Die Müdigkeit ist stärker, der Körper steht die Anforderung der Bitte nicht durch. Und was in diesen Stunden mit diesen drei Menschen geschieht, ist Ausdruck dafür, was sich fortsetzt in der Geschichte. Unbekümmert schlafen wir, sind auf unser Wohl bedacht, spüren nicht, wie elend sich Nächste fühlen. Auch wenn wir ihre Bitte hören würden, verstünden wir sehr wohl, uns abzugrenzen. Die schlafenden Jünger sind ein Spiegel für uns.

Nicht weit weg soll er gegangen sein, erzählt der Bericht. Aber die Dunkelheit nimmt ihn auf und schützt ihn in dieser grenzenlosen Trostlosigkeit. Er liegt am Boden, in der Geste tiefster Trauer und Hingabe. Verbunden mit der Erde, der steinigen, harten, erlebt er die Gottferne. Was kann die Brücke zu diesem fernen Gott sein? Hände falten sich über dem gesenkten Kopf, das Gebet ist wie eine schmale Spur auf den Dunklen, Fernen hin.

Wer konnte je wissen, was Jesus in dieser Nacht gebetet hat? Die Einfühlung der Evangelisten hat Worte gefunden, wie sie aus dem Herzen dieses Leidenden gekommen sein könnten, der ahnte, was ihm bevorsteht. Vor ihm lag die Ungeheuerlichkeit der Hinrichtung, das Ende seiner Mission, die Schande der Demütigung, die Irritation der Freunde und Brüder und aller, die ihn liebten. Wenn er nun Worte an den Vater richtet, so weiß er wohl um seine Berufung. Was am Jordan begonnen, wird hier zur ernsten Krise: Muß er wirklich den Weg des Gottesknechtes gehen, wie der Prophet es gesagt hat? Ergebung, Übereinstimmung mit dem Heilsplan ist ihm in diesem Augenblick schwer und dunkel. Wenn er so betet, dann stehen die Worte wie ein kleines Licht in allen Gefängnissen der Welt, an Krankenbetten und Totenbahren, an Kriegsgräbern und in tausend Einsamkeiten:

»Abba, Vater du! Alles ist dir möglich, führ' diesen Becher an mir vorüber. Aber nicht, was ich, sondern was du willst.« *M. S.*

Am Ölberg
Meine Seele ist zu Tode betrübt (Mt 26)

Menschen im Hof des hohenpriesterlichen Palastes hat Sieger Köder gemalt. Der eine, Petrus, in sich zusammengesunken. Ein Häufchen Elend. Da hockt ein Petrus, der alles andere ist als ein »Fels«. Finger zeigen auf ihn, durchbohren ihn fast, berühren ihn, der eigentlich Berührungsängste hat. Denn er wird schwach vor den Mägden, die ihm auf den Kopf zusagen, er sei mit Jesus zusammengewesen. Mit diesem Jesus will er nicht in Berührung gebracht werden. Der andere, Jesus, aufrecht stehend, schreckt vor nichts und niemandem zurück, selbst nicht vor den gepanzerten Kriegsknechten, die ihn wie eine Mauer umstehen.

Eine jahrelange Beziehung ist in die Krise geraten. Abgewandt hat sich Petrus, verkriecht sich hinter der Soldatenmauer. Ein angstvoller Blick zu Jesus! Jetzt muß die Entscheidung fallen, jetzt ist der Ernstfall. Erneut stellt Jesus im Blickkontakt die Frage nach dem Gehenwollen. Und jetzt ist Petrus nicht so schnell bei der Hand, zu sagen: »Herr, zu wem sollen wir gehen? Du hast Worte des ewigen Lebens« (Joh 6,68). Vergessen scheint die Beteuerung: »Und wenn ich mit dir sterben müßte – ich werde dich nie verleugnen« (Mt 26,35).

Petrus war bloß als distanzierter Prozeßbeobachter in den Palasthof des Hohenpriesters gegangen, um zu sehen, wie alles ausgehen würde. Durch den Fingerzeig der Mägde aber geht jede Distanz verloren. Unversehens ist er mittendrin im Geschehen. »Auch du warst mit diesem Jesus aus Galiläa zusammen« (Mt 26,69). Selbst als er sich davonschleichen will, wird er wiederum als Anhänger des Galiläers erkannt. Leugnen, fluchen und schwören machen das Verhängnis nur noch größer. Der feuerrote Hahn schreit den Verrat in den Himmel. Und der Hahnenschrei erinnert an die Vorhersage: »In dieser Nacht, noch ehe der Hahn kräht, wirst du mich dreimal verleugnen« (Mt 26,34).

Sieger Köder hat einen Petrus gemalt, der sich verkriecht. Ängstlich schlägt er den Mantel um sich. Kälte steigt hoch, eine Kälte, die der nachtschwarze Himmel spüren läßt, eine Kälte, die auch kein noch so glühendes Kohlenfeuer zu vertreiben vermag. Ein Bruch zwischen Petrus und Jesus. Oder sind die sprühenden Funken Hoffnungsfunken? Liegt etwa im Blick Jesu, der Petrus trifft, etwas von dem, wozu Jesus ihn trotz aller Schwäche und allen Versagens bestimmt hatte, die Brüder zu stärken?

Wie so oft in den Bildern von Sieger Köder gehen vielfältige Linien vom Bild zu den Begebenheiten der Evangelien. Da sitzt ein Petrus in sich zusammengekauert, der Versuchung erlegen. Er will Jesus nicht kennen, aber seine Sprache hat ihn verraten. Bei aller Verzagtheit und Niedergeschlagenheit steckt schon eine Ahnung von der Größe, von der Wortgewalt und von dem Freimut in Petrus. Nach der Geistsendung gibt es kein ängstliches Verkriechen mehr, wohl aber ein mutiges Aufstehen und Bezeugen. Sie lassen Petrus vor die Menge treten und sagen: Jesus, der von Gott beglaubigt durch machtvolle Taten, Wunder und Zeichen, der ans Kreuz geschlagen und umgebracht wurde, hat Gott von den Wehen des Todes befreit und auferweckt. *K. G.*

Verleugnung
Ich kenne den Menschen nicht (Mt 26)

Ecce homo – seht da, der Mensch!« So mußte es kommen: Jesus, der Menschensohn, als Gotteslästerer und politischer Aufrührer gefangen, gebunden, ausgeliefert. Er ist das Weizenkorn, das zermahlen wird zwischen den Mühlsteinen von religiöser und politischer Macht. Wer die Spielregeln nicht beachtet, wer – wie er – im Namen Gottes das herrschende System in Frage stellt, darf sich nicht wundern über die Gegenreaktion, die er damit provoziert. Jesus wundert sich nicht, er hatte es lange kommen sehen – und war doch unbeirrt seiner Sendung treu geblieben: »Blinden« die Augen zu öffnen, »Lahmen« wieder auf die eigenen Füße zu helfen, »Aussätzigen« wieder ein neues Leben in Gemeinschaft zu eröffnen, »Besessene« aus ihrer Entfremdung zu befreien – um in all dem die liebende Sorge Gottes um uns Menschen zu verkörpern.

Nun steht er vor Kajaphas und Pilatus, den Repräsentanten jener Machtgefüge, die sich durch ihn bedroht fühlen. Die Hände der drei Gestalten sprechen eine deutliche Sprache: Kajaphas klammert sich an die Thora-Rolle, an das göttliche Gesetz, das ihm heilig ist; er will es schützen vor diesem Provokateur, der beansprucht, über Mose zu stehen. Mit mißtrauisch verkniffener Miene blickt er auf Jesus, der behauptet, der Mensch sei nicht für das Gesetz, sondern das Gesetz für den Menschen da. Das rochettartige Gewand des Kajaphas ruft in Erinnerung, daß auch kirchliche Amtsinhaber immerzu in der Versuchung stehen, »geheiligte Überlieferungen« und »beständige Lehren« zu immunisieren und gegen kritische Überprüfung im Geiste Jesu zu schützen. Ist es Kajaphas oder Dostojewskis Gestalt des Großinquisitors, der hier den zum Tode Verurteilten beäugt?

Auf der anderen Seite Pilatus, die weltliche Macht, hineingezogen in diesen zutiefst religiösen Konflikt, den er nicht wirklich begreift. Gehüllt in die Purpurrobe kaiserlicher Macht, versteckt hinter einer Maske skeptischer Distanz – »Was ist Wahrheit?« – wäscht er seine Hände in »Unschuld«. Die Wahrheit ist, daß er sich zum Mittäter macht in diesem Mordkomplott, bei dem der geistliche und der weltliche Arm – so sehr sie auch sonst im Konflikt miteinander liegen – zusammenwirken, um den auszuschalten, der als menschgewordene Liebe und Freiheit die Fundamente beider Herrschaftssysteme ins Wanken bringt. Und so färbt sich das Wasser in der Schüssel blutrot ...

Jesus steht aufrecht vor seinen Richtern. Seine Gestalt überragt die beiden und ist in ein Gewand gekleidet, dessen Rot ihn nicht nur als die menschgewordene Liebe charakterisiert, sondern auch die herrscherliche Würde symbolisiert, zu der er sich vor Pilatus bekennt: »Ja, ich bin ein König!« Ein König nicht von dieser Welt, der sich die kraftvollen Hände, die so zahllose Menschen geheilt haben, binden läßt – und die gekreuzten Stricke deuten schon an, welches Schicksal er bereit ist anzunehmen. Er schaut nach vorne in die Finsternis einer Welt, die sich von der Liebe bedroht fühlt, in die Finsternis des drohenden Todes, vor der er nicht zurückweicht. Wer kann diese Finsternisse aufbrechen, wenn nicht ER, das Licht der Welt? *H.-P. J.*

Verurteilung
Kreuzweg Bensberg
Ich bin unschuldig
am Blute dieses Menschen (Mt 27)

Zwei Gesichter, zwei Leiber, vier Hände und ein schwerer Balken. Sie haben ihn auf ihre Nacken genommen, den lastenden Kreuzbalken, so wie sie es gewohnt sind, Lasten zu tragen. Man ist versucht, mit den Augen nachzutasten: wie halten sie sich, und die Last? Ein Arm um die gemeinsame Last – ein Arm um den anderen.

Der Bericht der Evangelien nennt einen Mann aus Cyrene, Simon, und seine beiden Söhne werden bei Markus genannt. Man kennt ihn also, den Feldarbeiter, der gerade heimkehren will. Er trifft mit dem Zug zusammen, der sich zur Richtstätte bewegt. Warum wird er von den Soldaten angerufen? Hat er eine Bewegung des Mitleidens spüren lassen? Kannte er Jesus? Gesehen hat er wohl, daß der Verurteilte entkräftet ist nach der entwürdigenden Folterung. Simon packt zu und trägt.

Sieger Köder geht in dem Bild seinen eigenen Weg, aus dem Bericht der Evangelien heraus. Simon trägt das Kreuz nicht vor Jesus, sondern mit ihm, und erweckt damit in uns eine andere Sicht.

Die beiden Gesichter: wie ähnlich sind sie doch! Form, Augen, Nase, Mund, Bart – einer wie der andere, zum Verwechseln ähnlich. Nur der Mann im blauen Gewand hat die Farbe seiner Arbeit im Gesicht, der Mann im roten Gewand trägt die Spuren seiner Schändung im blassen Antlitz. Ihre Arme auf der Rückseite überkreuzen sich, die beiden, die den Leib des anderen umfassen. Ein lebendiges Kreuz, ineinandergeflochten in dem, was sie gemeinsam tun.

Zwei Augenpaare sind auf uns gerichtet. Simon sagt mit ihnen: Mir ist das Kreuz aufgezwungen worden. Ich sträube mich nicht. Ich umfasse es. Ich gehe hinein in das Leiden meines Bruders hier und verbünde mich mit ihm. Beide tragen wir und werden voneinander getragen, gestützt.

Jesus sagt: So tief habe ich mich eingelassen in das Leiden der Menschen. Im Kampf um Liebe und Gerechtigkeit haben sie mich verurteilt. Ich gehe diesen Leidensweg bis zum Ende. Und du, Simon, gehst meinen Weg mit.

Ich kenne kein Bild, das deutlicher die Solidarität ausspricht, die Jesus mit dem leidenden Menschen, dem »Kreuzträger« – wie wir ihn nennen mögen – eingeht. Der umjubelte Rabbi Jesus geht seinem Tod entgegen mit dem Zeichen der Erniedrigung und der Qual seines geschundenen Körpers. Und warum? Warum setzt er dieses Zeichen?

Wissend um das Elend gescheiterter Menschen wird er zur Personifikation einer tragischen Liebe. Und damit geht er die tiefste Solidarität mit uns Menschen ein.

Wenn wir wie Simon ein aufgebürdetes Kreuz annehmen, seine Last uns drückt: da ist einer, der zuvor ein solches Zeichen umfaßt hat, sich ihm hineingegeben hat. Und er stützt mich, trägt mit mir, der Menschenbruder. Das Teilen unserer Leiden durch ihn erhebt den Leidensweg zu einem Pfad der Hoffnung. *M. S.*

Simon von Cyrene
Kreuzweg Rosenberg
Ihn zwangen sie,
Jesus das Kreuz zu tragen (Mt 27)

Der Ausruf des römischen Hauptmanns unter dem Kreuz faßt den revolutionären Gehalt des Evangeliums, die »Gute Nachricht« für alle Gekreuzigten zusammen. Dieser von den religiös-politischen Mächten Jerusalems und Roms Hingerichtete, vom Gott des Lebens aber Auferweckte ist »Sohn Gottes«. Mit dem Ausruf dessen, der im Sold des römischen Kaisers steht, widerspricht das Evangelium jener politischen Proklamation, die den römischen Kaiser zum Sohn Gottes erklärt. Sohn Gottes allein ist dieser armselig Gekreuzigte, der offenbart, wie unsterblich Gott in das Leben selbst der Ärmsten und Verlassensten verliebt ist. Diese alle macht er zu Söhnen und Töchtern Gottes.

Die Konfrontation zwischen Jesus und dem Gesetz war offenbar so radikal, daß die Mächtigen mit seiner Sache ein Ende machen wollten, indem sie ihn beseitigten. Jesus hat zwar nie zur physischen Gewalt gegriffen. Aber seine Botschaft und sein Handeln unterhöhlen die Fundamente der religiös-politischen, jüdisch-römischen Gesellschaft.

Die Evangelisten bezeugen, daß diese historische Konfrontation Jesus den Tod bringt. Dafür ist nicht Gott verantwortlich zu machen. Verantwortlich sind vielmehr jene, die behaupten, an Gottes Stelle zu handeln. Jesu Tod ist die vorhersehbare Konsequenz seines unerschütterlichen Einsatzes für das Leben der »Mühseligen und Beladenen«. Weil Jesus entschieden an diesem Projekt festhält, kann er der Konfrontation und ihren Folgen nicht ausweichen. Und auch der von ihm verkündete Gott hat keine Möglichkeit, ihm eine Ausflucht anzubieten, ohne die unsterbliche Liebe zum Leben zu verraten. Jesus nimmt den Tod an, um glaubwürdig die unsterbliche Liebe Gottes zum Leben zu bezeugen und so den Zirkel der Gewalt zu durchbrechen.

Eine solche Deutung wollen die Texte des Neuen Testaments hervorheben, wenn sie theologisch begründen, das alles sei geschehen, »damit die Schriften in Erfüllung gehen« bzw. Gott habe Jesus dahingegeben. Selbst wenn der Tod Jesu als »Lösegeld für viele« bzw. »als Gabe und Opfer« gedeutet wird, besteht kein Grund zu behaupten, Gott habe einen solchen Preis verlangt, um sich mit der Menschheit versöhnen zu können. Das grausame Bild eines blutrünstigen Gottes wird von jenen erfunden, die Menschenopfer rechtfertigen wollen. Es hat nichts zu tun mit jenem Gott, der sagt: »Barmherzigkeit will ich, nicht Opfer!« (vgl. Mt 9,13).

Dieser »Christus ist das Ende des Gesetzes« (Röm 10,4). Sein Tod zerreißt den Vorhang im Tempel. Gott läßt sich nicht mehr im Zentrum jenes Systems finden, das die Söhne und Töchter Gottes ausschließt und den Sohn umbringt. Der Tod Jesu zerbricht jedes Gesetz, zu dessen Einhaltung Menschenopfer dargebracht werden, sei es das römische Gesetz, das Gesetz der Marktwirtschaft oder gar das Gesetz Gottes selbst, das Sinai-Gesetz. Denn »der Sabbat ist für den Menschen da, nicht der Mensch für den Sabbat« (Mk 2,27).

Der Gekreuzigte bleibt für die Gesetzesfrommen ein empörender Skandal und für die Geschäftstüchtigen eine Torheit. *N. A.*

Mein Gott, mein Gott,
warum hast du mich verlassen? (Mt 27)
Kreuzweg Rosenberg

In der Morgendämmerung des ersten Tages sind sie unterwegs. Zwei Frauen auf einem schmerzvollen Weg. Wie innig sie verbunden sind! Einander zugewandt verstehen und trösten sie sich wortlos. Die eine und die andere Maria kommen, um nach dem Grab zu sehen. Behutsam tragen sie das Behältnis mit Öl. Sie bergen im Schutz der Gewänder, was sie an Kostbarkeiten mitbringen: nicht nur das Öl, auch Liebe, Schmerz und Trauer. Wie wenn sie wertvolle Erinnerung in ihrem Herzen bewahren wollen. Ganz selbstverständlich gehen die Frauen ihren Gang, um Jesus ihren letzten Liebesdienst zu erweisen. Maria, seine Mutter, und Maria aus Magdala, die ihn liebende Jüngerin. Sie wollen endgültig Abschied nehmen, ihn salben und das Grab für immer verschließen. Was für ein Weg und wie unverhofft er endet! Die Frauen erfahren die Botschaft als erste: Jesus ist nicht mehr hier. Er ist auferstanden! Die den leidvollen Weg bis zu Ende mitgingen und durch Höhen und Tiefen, Freuden und Trauer an Jesu Seite blieben, sie werden zu Botinnen des neuen Lebens. Der Trauerweg der Frauen wird zum Freudenweg für die Menschen.

Bis heute sehen wir Frauen viele Schmerzenswege gehen: Frauen, die ihre toten Söhne im Krieg beweinen. Mütter, die um das nötigste zum Leben für ihre Kinder betteln. Kroatische und serbische Frauen, die unter Tränen im Belgrader Parlament das Ende des Bürgerkriegs fordern. Frauen, die an der Zerstörung unserer Erde leiden und aus Liebe zum Leben die Schöpfung zu bewahren suchen. Ihnen ist gemeinsam: Frauen nehmen wahr, was todbringend ist, spüren ihre Trauer und gehen gemeinsame Trauerwege. Gerade darin können sie Hoffnung und neues Leben erfahren.

Die Frauen auf ihrem Weg zum Grabe ermutigen uns dazu, dem Schmerz und der Trauer nicht auszuweichen. Rot und blau sind ihre Gewänder gemalt. Blau wie die Farbe des Geistes, des Himmels, und rot wie die Farbe der Liebe. Wie wenn die Liebe sie umhüllt und Gottes Geist sie schützt. Wie wenn sie liebevoll und geistverbunden leben. Wie wenn sie mit Liebe und Geist gesegnet sind, um den schweren Weg zu gehen. Von Osten kommt schon das Morgenrot und verwandelt die Nacht in Tag. Die Botschaft der Auferstehung wirft ihr Licht schon in die Todesnächte hinein. Ob wir es spüren auf unseren Trauerwegen?

S. H.

Der Gang zum Grab am Ostermorgen
Wasseralfinger Altar
In der Morgendämmerung des ersten Tages (Mt 28)

Johannes der Täufer: der Mann, der aus der Wüste kam. Wir wissen nicht, wie lange er (in der Gemeinschaft der Qumranleute?) in der Einöde lebte. Eines Tages beginnt er, dort, wo der Jordan an die Wüste grenzte, als Bußprediger aufzutreten. Als Sohn des Priesters Zacharias geboren, hätte er das Amt seines Vaters übernehmen, eine sichere Stelle in der Hierarchie der Ämter einnehmen können. Doch Johannes denkt nicht an Karriere. Er denkt an Gott, und er denkt an die Menschen. Er hat einen Traum, der ihm in der Wüste zum Auftrag wird: einen Traum von Mitmenschlichkeit und Gottesnähe. Um seinetwillen kommt er an den Jordan. Er bleibt am Jordan, und er tut gut daran. In den Synagogen, bei denen, die in liturgische Gewänder gehüllt, nach festgefügtem Ritual singen, Gebete sprechen, aus der Tora und den Propheten lesen und das Gehörte der Überlieferung gemäß, in wohldosierter Verbindlichkeit auslegen – nur ja die Frommen nicht erschrecken! – wäre ihm das Reden bald verboten worden.

Johannes predigt einen zornigen Gott, Gericht und Strafe. Und das nicht irgendwann: »Schon ist die Axt an die Wurzel der Bäume gelegt...« Die ihn hören, sollen erschrecken, die Augen sollen ihnen aufgehen, sie sollen sich selber in Blick bekommen, ihr Leben ändern, umkehren ... ein Stück »Straße« werden, auf der Gott kommen kann. Den Entschluß der Umkehrwilligen besiegelt Johannes durch die Taufe im Jordan: zur Vergebung der Sünden.

Weil er daran glaubt, daß nichts von dem, was Menschen Gutes tun, umsonst ist, schickt er die Getauften in ihren Alltag zurück. Er setzt darauf, daß die Umkehr der vielen einzelnen das Zusammenleben aller, auch ihren Gottesdienst, von innen her verändern kann und wird.

Viele kommen an den Jordan, sie fragen, wer dieser Prediger ist. Johannes verweigert die Antwort nicht. Diejenigen, die – neugierig oder mißtrauisch – wissen wollen: »Wer bist du?« verweist er auf den Kommenden: »Er ist größer als ich. Und ich bin nicht wert, ihm die Sandalen aufzuschnüren.« Andere, die meinen, sie bedürften der Umkehr nicht, weil ihnen als Söhnen Abrahams das Heil sicher sei, erinnert er daran, daß Gott dem Abraham »aus diesen Steinen Kinder wecken kann.« Und jene, die ihn fragen, einfach und direkt: »Was sollen wir tun?«, verweist er nicht auf die bewährten »Werke der Frömmigkeit«, sondern verpflichtet jeden einzelnen auf seinen Ort in der Welt, auf die Mitmenschen, die keiner sich aussuchen kann.

Ich sehe: den letzten Propheten des Ersten Bundes. Er steht im Wasser. Seine Augen treffen die meinen. Mit der Rechten umfängt er den Kopf eines Menschen, der die Last seines Lebens zu ihm an den Jordan trug. Sein linker Arm, hoch ausgestreckt, weist nach »oben«. Dorthin, wo Licht sich bündelt und einen Weg bahnt, von »oben« nach »unten«: Gott ist am Kommen und alle Lebenden, Frauen und Männer, Sklaven und Freie, Alte und Junge werden erfahren, wie er rettet. *E. B.*

Johannes der Täufer
Bereitet dem Herrn den Weg! (Mk 1)

Nicht den Gerechten, den Sündern wende ich mich zu« – diese Zeile des Berichtes bei Lukas ist die Zündung für das 1973 entstandene Bild von Sieger Köder. Vielleicht sind Ort und Entstehungszeit dieses Bildes wichtig, um seine Aussage zu verstehen. Dreißig Kilometer südlich von Rom, an der alten Prenestina, der römischen Straße nach Palestrina, liegt die Villa San Pastore, ein zum Germanicum (Studienkolleg deutschsprachiger Theologiestudenten in Rom) gehörendes Landgut. An die Stirnseite des Speisesaals malte Sieger Köder dieses Bild. Bei jeder Mahlzeit der Studenten und Gäste dort ist es eine nicht zu übersehende Herausforderung.

Wer sitzt um diesen Tisch?

- Der Afrikaner, ein Genosse aus der Dritten Welt, mit verbundenem Arm, verwundet im Kampf um das Lebensrecht seines Stammes;
- eine vornehme Dame, vielleicht Mitglied der römischen Aristokratie, standes- und traditionsbewußt;
- der Intellektuelle, ein Student, einer, der Gewohntes infrage stellt und deshalb zum Ärgernis geworden ist;
- der Clown, der im Spiel der Ironie die Realität des Lebens erträglich macht: zwischen Lachen und Weinen ein Spiegel unserer Existenz;
- eine alte, blinde Frau, vornübergebeugt, lauschend, weil sie den Gastgeber nicht sieht, weggeholt vom Betteljob an irgendeinem vielbesuchten Heiligtum;
- die Dirne, eine von den vielen Frauen des ambulanten Gewerbes, die die Via Appia säumen und auch die Straßen auf dem Weg nach San Pastore;
- der jüdische Rabbi mit dem Gebetsschal, harrend auf den Messias, hier abwägend, was der Gastgeber kündet.

Eine seltsame Gesellschaft, die kaum je real um einen Tisch sitzen wird. Aber jede Gestalt zeigt ein Stück von uns. Es bleibt uns überlassen, uns mit dem einen oder anderen mehr zu identifizieren, mit der jeweiligen Angst und Not, mit seinen Leiden und Leidenschaften.

Der achte Platz: er wird vom Gastgeber eingenommen. Wir sehen seine austeilenden Hände, sein Licht fällt auf die Gesichter der Gäste. Wie wäre es, wenn wir – die Betrachter – den achten Platz einnehmen würden? Dann wären wir Gastgeber für jene Ausgegrenzten und Unbequemen. Wenn wir ihnen das Brot unserer Zuneigung und den Wein unseres Verstehens geben, dann hätten wir uns eingereiht in ihre Runde. Wir wären nicht feudaler Bewirter von Dahergelaufenen, nicht Kultvorsteher einer Zeremonie, abstrakte Rollenspieler in der Ausübung von subtiler Macht – wir nähmen teil an ihrem Schicksal, an ihrer Verzweiflung, an ihrer Resignation, an ihrem Anspruch auf Versöhnung und Schutz. Das würde unsere Umkehr voraussetzen, von der Jesus bei Lukas spricht.

An der Wand des Speisesaals im Bild ist das Gleichnis vom »verlorenen Sohn« angedeutet. Der liebende Vater – Anruf an uns? *M. S.*

Das Mahl mit den Sündern
San Pastore bei Rom
Wie kann er zusammen
mit Zöllnern und Sündern essen? (Mk 2)

Ein Bild voller Bewegung. Zu dem, was die Augen wahrnehmen, müssen wir die Geräusche hören, um uns die Dramatik der Szene zu vergegenwärtigen: Sturm heult, Wellen brechen, Wasser klatscht ins Boot, Holz splittert, Männer rufen Befehle, schreien in Angst.

Da sind sie also weggefahren vom Ufer. Sie wollten auf die andere Seite des Sees, weg von den Menschen, die Jesus bedrängten. Ein Vorgang, wie er uns oft in den Evangelien berichtet wird. Haben sie denn die Anzeichen des Sturms nicht bemerkt? Kenner der Gegend wissen, wie leicht auf dem See Gennesaret ein solcher Wirbelsturm aufkommen kann. Sie sind schon viel zu weit vom Ufer entfernt, um Rettung erwarten zu dürfen. Ein Moment höchster Spannung: die Segel waren eingezogen, der Mast zerstört. Wasser ist im Boot, und einer versucht es mit einem Eimer auszuschöpfen. Das Ruder ist abgebrochen. Die Werkzeuge zur Steuerung des Bootes sind vernichtet. Und Jesus? Schläft er wirklich dort im Bug? Er mischt sich nicht ein. Stellt er sie auf die Probe? Es kann doch nicht angehen, daß er mit ihnen untergehen will! Einer faßt ihn mit beiden Händen an, rüttelt ihn, schreit ihn an: So wach doch auf und tu' etwas! Und Jesus richtet sich auf und herrscht den Wind an. Stille entsteht. Und dann klingt seine Rüge hart in die Befreiung von der Gefahr hinein: Feig seid ihr! Und: bei euch ist noch immer kein Glaube.

Markus, Matthäus, Lukas berichten diese Rettungsgeschichte. Ist sie so passiert? Längst wissen wir, daß die Bibel kein Historienbuch ist. Aber die Zeugen müssen mit Jesus wohl etwas erfahren haben, was nur so zu überliefern ist: So oft waren die Jünger mit Jesus zusammen und haben seine Heilkraft erfahren für leiblich und seelisch Kranke. Diesmal tobt die Natur, schlagen Wasser zusammen, Sturmgewalt bringt Todesangst, und da wirkt sein Wort. Staunen ergreift sie und große Furcht: »Wer ist doch dieser, der solche Macht hat?«

So haben sie ihn erfahren, und so fassen sie das Erlebnis ins Bild: Stärker ist er als kosmische Gewalten. Und die Begegnung mit ihm ist eine Herausforderung an ihren Glauben.

Auch an unseren? Ist es nicht so, daß oft genug Wellen der Verzweiflung über uns zusammenschlagen? Kein Segel hilft uns zur Orientierung, die kläglichen Versuche der Steuerung brechen ab. Wir schreien zu ihm und hören nichts, keine Reaktion. Die Aussage des Bildes macht hier Halt. Sieger Köder malt gerade den dramatischen Augenblick des drohenden Untergangs mit dem schlafenden Jesus. Genau das, was wir so oft erleben.

In dieser Untergangsstimmung ruft er uns an: Wo ist euer Glaube? Was immer unser Leben bedroht, was die Geschichte auch aus den Weisungen des Rabbi Jesus gemacht hat: es bleibt die Anforderung an unseren Glauben. Er ist die Basis für jede Begegnung mit ihm und der Grund unserer Hoffnung auf die Veränderung in der vielfältigen Bedrohung. Vielleicht müssen wir diesen Glauben in uns wachrütteln? Dann wäre dieses Bild eine Rettungsgeschichte für uns. *M. S.*

Sturm auf dem See
Habt ihr noch keinen Glauben? (Mk 4)

Immer wieder gibt es Szenen in der Heiligen Schrift, in denen das Unsagbare im Bild erscheint. Lichtgestalten, die Wolke als Ort Gottes, die Stimme aus ihr – Zeichen einer Weisung Gottes an den Menschen. Matthäus, Markus und Lukas stimmen im Bericht überein. Der Kern ist der österliche Glaube, daß der Rabbi Jesus wirklich in der Tradition steht von Propheten und Gesetz und Gottes Stimme ihn ausweist als den erwarteten Messias.

Der Schlüssel zu diesem Bild ist für mich das Ende des Berichts: Jesus kam her, hielt sie fest und sprach: Wacht auf und ängstigt euch nicht! Es bedurfte also der Rückkehr in die Realität. Jesus holt seine Gefährten aus einer sie durch und durch bewegenden Vision zurück. Er hatte sie mitgenommen auf den Berg – drei Männer, die so oft in seiner Nähe waren: Petrus, Jakobus, Johannes, die Pfeiler der nachösterlichen Gemeinde.

Das Bild hat deutlich zwei Teile: die Ebene des Hier und Jetzt und die Ebene der Vision. Der Maler hat den dunkleren Teil des Bildes den Gefährten zugeteilt, den oberen, lichtvollen, ihrer Imagination. Die drei schlafen – aber es ist nicht der Schlaf von erschöpften Wanderern. Ihre geschlossenen Augen schauen. Ein Lichtschein über den Lidern zeigt an, daß die inneren Bilder sie bannen.

Und was ist der Inhalt dieser Imagination? Jesus, ihr Gefährte, wandelt sich in eine Lichtgestalt von unendlicher Schönheit. Und er bleibt nicht allein: zwei Männer sind in seiner Gesellschaft: Mose und Elija. Warum diese beiden? Mose steht als Symbol für das Gesetz (die Lebensweisung, die dem Volk Israel gegeben ist) und Elija steht für alle Propheten, die das taumelnde Volk immer wieder herausgerufen haben zur Umkehr. Jesus in ihrer Mitte, als ob sie ihm sagen wollen: Du bist es, auf den wir gewartet haben. Der Messias, der kommen wird, um unser Volk zu retten.

Jesus wird in diesem Bild in die überlieferte Tradition hineingestellt. In ihm erfüllt sich eine Verheißung. Wolke und Stimme bezeugen die Erfüllung, sie demonstrieren die Wahrheit des Geschehens. Petrus wird aktiv innerhalb der Imagination. Er kennt den Glauben der Schrifttradition: das Volk erwartet, daß Mose und Elija wiederkommen. Und Jesus in der Gesellschaft dieser beiden kann ja nur bedeuten: die Vollendung ist angebrochen. In der Erfüllung der Sehnsucht vieler Jahrhunderte seines Volkes macht Petrus einen bemerkenswert praktischen Vorschlag: Bleibt hier, das ist gut so! Du, Jesus, in der Gefährtenschaft der ganz Großen, die zurückgekehrt sind. Wir wollen euch hier behalten. Das Heilige, Unsagbare soll hier wohnen bleiben bei uns Menschen, geschützt im Zelt.

Mit geschlossenen Augen verweilen sie bei der großartigen Erscheinung. Doch die Imagination geht zu Ende. Die Erschütterung der Männer bleibt. Jesus muß sie leibhaftig anfassen, damit sie zurückkehren in die Wirklichkeit. Sie wachen auf, ihre Angst weicht in seiner Nähe zurück. Sie treten den Heimweg an, und Jesus befiehlt ihnen, von ihren Erfahrungen zu schweigen. *M. S.*

Verklärung
Er wurde vor ihren Augen verklärt (Mk 9)

Es ist Nacht. Der Ort ist nicht zu erkennen. Die Zeit scheint stehenzubleiben. Dargestellt ist jener schmerzvolle Moment zwischen Kreuzabnahme und Grablegung. Eine ganz stille Szene. Maria ist hineingespannt zwischen der Erinnerung an die qualvollen Stunden unterm Kreuz und dem Wissen, daß sie ihn bald endgültig aus der Hand geben muß. Maria übergibt sich nicht der Verzweiflung und Trauer, sondern wendet sich zu. Mit der einen Hand richtet sie ihn auf und ist ihm Halt, so wie sie ihn auch als Kind aufgerichtet und gestützt hat. Doch sein gebeugtes Haupt läßt sich nicht mehr aufrichten. Schwer und blutüberströmt liegt es auf der Brust. Seine Augen sind geschlossen. Er wird sie nie mehr anschauen können. Auch ihre Augen haben sich schon von ihm gelöst. So als ob sie in eine unbeschreibliche Ferne blicken würden. Vielleicht ist es der müde Blick einer Mutter, deren Seele so schmerzerfüllt ist, daß sie ihre Augen nur noch einer unbestimmten Leere überlassen kann. Ihre rechte Hand begegnet seiner Rechten, die tief und dunkel wie ein Brunnen ist. Seltsames Spiel der Hände, das Aufmerksamkeit erweckt und den Blick auf die Wunde lenkt. Maria begegnet dem blutüberströmten Leib behutsam und zärtlich.

Ihr weiter blauer Mantel ist wie eine Höhle, in der sie mit ihrem Schmerz Zuflucht findet. In dieser Höhle findet auch der tote Leib eine bergende Hülle und einen Ort, an dem er zur Ruhe kommen kann. Das Blau des Mantels umfließt ihn wie Wasser und kühlt die Wunden. Die intensive Farbe läßt neue Räume erahnen. Es ist die Farbe der Entgrenzung und Geborgenheit, die »Farbe der äußersten Orte und der letzten Grade, die dem Leben verschlossen sind« (Ernst Jünger).

Das Kreuz als Ganzes hat keinen Platz mehr auf dem Bild, nur noch zwei Holzstämme sind im Hintergrund zu sehen. Vielleicht sind die roten Farbspuren Reste des Blutes, das aus Jesu Wunden geflossen ist. Die kleine Rose, die aus dem toten Stamm wächst, weckt Hoffnung auf neues Leben. Die zarten Farben haben es schwer, sich in der Dunkelheit der Nacht zu behaupten. Aber das Leben ist stärker als der tote Holzstamm. Aufrecht steht die Rose da.

Aus zwei Totenschädeln blicken dunkle Augenhöhlen auf den Betrachter. Neugierig und frech schauen sie aus der Felsspalte. So als würden sie ahnen, daß mit dem Tod dieses geschundenen Menschen der Tod endgültig überwunden wäre. »Wie durch einen der Tod, so kam durch einen die Auferstehung aus dem Tod. Und wie in Adam alles stirbt, so steht in Christus alles wieder auf« (1 Kor 15,21f.). Dieser Zusammenhang ist mit den beiden Schädeln angedeutet, denn nach der Überlieferung der Kirchenväter war die Schädelstätte auch das Grab Adams. Die Felsen und Gräber öffnen sich. Die offenen Gräber mit den Totenschädeln der Stammeltern Adam und Eva werden zu österlichen Zeichen. So geht in dieser dunklen Szene der Nacht und des Schmerzes von dem toten Leib ein Licht aus, das anziehender und mächtiger ist als die Dunkelheit.

Der Moment des Abschieds zwischen Kreuzabnahme und Grablegung verliert dadurch nichts von seinem Schmerz. Aber er öffnet sich auf etwas Neues hin. *A. D.*

Karfreitagabend
Rosenberger Altar
Dieser Mensch war Gottes Sohn (Mk 15)

Alle Evangelisten übernehmen diesen Bericht. Nur Johannes fügt noch hinzu, daß Nikodemus dazukam mit den Duftkräutern und dem Josef aus Arimathäa half, den Leichnam zu bestatten. Vorsabbat war's, die Zeit drängt, das Gesetz verbietet solche Arbeit am Sabbat. Die Überlieferung hat wohl Wert darauf gelegt, nüchtern zu beschreiben, was der Ablauf eines solchen Ereignisses war. Nach der Hinrichtung mußte die Frage geklärt werden, wer nun die Bestattung übernimmt. Und offensichtlich gab es neben zutiefst Erschütterten und Ratlosen einen Mann, der zu handeln in der Lage war, und Frauen, die sich Gedanken machten, wie sie wohl nach dem Sabbat die Pflege des Toten bewerkstelligen könnten. Treue zum Rabbi, Nüchternheit im Schmerz und Ehrfurcht vor seinem toten Leib lassen diese Texte spüren. Vielleicht auch mit besonderer Genauigkeit wiedergegeben, weil das Nachfolgende ja alle menschliche Erfahrung gesprengt hat: daß der Tote wieder zu den Lebenden kam.

Ich kenne kein anderes Grablegungsbild, das gleichsam eine Innenansicht wagt. Wir werden hineingenommen in einen dunklen Raum, ein Felsengrab. Jesus, mit Tüchern umwickelt, das Blut seiner Wunden durchtränkt die Binden – ein Zeichen, daß dies wirklich jener Hingerichtete ist, der vor wenigen Stunden starb. Doch warum leuchtet dieser Leib in der dunklen Kammer, wo es kein Licht gibt? Über dem Kopf des Toten glänzt der Schein des Ostergeheimnisses intensiver auf und zeigt in einem behutsamen Zeichen das Mysterium der Auferweckung. Bibliotheken von theologischer Literatur zur Auferstehung des Jesus von Nazaret werden in diesem einfachen Symbol überflüssig. Die ganze Auseinandersetzung um das leere Grab – wird es nicht eine Farce vor dem Licht einer Umgestaltung, die mit nachweisbarer Realität nichts zu tun hat? Freilich hat die Geschichte eine Sprachform notwendig gemacht, um das Unsagbare zu vermitteln. Und sind wir nicht alle geprägt vom Bemühen der Künstler, die Sprache ins Bild zu bringen – seit vielen Jahrhunderten? Auch hat uns das Symbolum (Glaubensbekenntnis) früh die Kurzformel eingeprägt »Hinabgestiegen in das Reich des Todes, am dritten Tage auferstanden von den Toten«.

Das Zeugnis der Jüngerinnen und Jünger spricht von Begegnungen nach Ostern. Und zwischen der Grablegung durch Josef von Arimathäa und dem Morgen nach dem Sabbat liegt ein Mysterium. Warum können wir es nicht bei dem Geheimnis belassen, das der Maler so vorsichtig andeutet mit der Lichtgestalt des Toten?

Ein schwacher Schein dringt in die Grabkammer über dem vorgewälzten Stein. Eine erste zarte Helle ist Vorbote der aufgehenden Sonne. Das ist mehr als eine Zeitangabe des anbrechenden Tages. Der Tod ist nicht mehr nur Ende des Lebens. Dieser Tod ist ein Anfang, der Beginn eines neuen Tages für jeden, der glauben kann. Die Ankündigung des Ostermorgens weist über jedes Grab hinaus, auch über das, in welches man uns betten wird. *M. S.*

Jesus ist ins Grab gelegt worden
Kreuzweg Rosenberg
Dann wälzte er einen Stein
vor den Eingang des Grabes (Mk 15)

Ich sehe: Zwei Bilder in einem; durch unterschiedliche Farbfelder abgegrenzt. In der unteren Hälfte zwei Frauen: braun in braun an die alles Leben gebärende Erde gebunden. Das Gesicht der einen ist von den Jahren gezeichnet. Sie beugt sich vor der Jüngeren, die sich zärtlich über sie neigt, so daß die beiden in der Umarmung eins werden. »Über« den Frauen, blau im Blau des Himmels zwei Männer: einander zugewandt. Zwei Mütter und ihre Söhne: Maria und Elisabet, Johannes und Jesus. Vier Menschen, die wissen, daß in dieser Begegnung der Sinn ihres Lebens auf dem Spiel steht.

Elisabet, eine Unfruchtbare, die, obgleich die Jahre des Gebärens für sie Vergangenheit sind, schwanger geht mit einem Sohn. Maria, die empfangen hat vom Heiligen Geist. Zwei Frauen, die leibhaftig bezeugen, daß »für Gott kein Ding unmöglich ist«. Die Alte beugt sich vor der Jüngeren, der »Mutter meines Herrn«. Maria neigt sich über sie, bergend und stützend. Die Mutter Jesu wird Schwester aller Mütter.

Zwei Frauen, die – weil Gott es will – Mütter großer Söhne werden: Wie viele Träume müssen sie begraben, ehe – auch dies, weil Gott es will – der Sohn der einen auf Befehl eines Gott und die Menschen verachtenden Königs im Gefängnis geköpft wird und der Sohn der anderen vor den Mauern Jerusalems im Mittagslicht am Schandpfahl hängt?

In der oberen Bildhälfte stehen die Söhne, schützend über die Mütter gebeugt. Sie berühren sich nicht, blicken einander nicht in die Augen. Aber sie wissen, daß diese Begegnung – die einzige, die uns bezeugt wird – für jeden von ihnen Lebenswende bedeutet.

Jesus, der »größere«, neigt den Kopf, hört, was der andere ihm sagt. Johannes, dem Gottesschreck' die Augen weitet – die Glaubensprobe derer, die erleben, wie Erwartung sich erfüllt – zeigt mit langem Finger auf Jesus. Er hat vielen Menschen ins Angesicht gesehen und dabei gelernt, die Spuren zu entziffern, die Not und Sorge, Sucht und Sünde, Enttäuschung und Mißerfolg, die Sehnsucht nach Geliebt- und Angenommensein hinterlassen. Er erkennt Jesus, der mitten unter den Sündern zu ihm kommt, damit er ihn mit Wasser taufe. Die Begegnung mit dem »Vorläufer«, die Taufe im Jordan wird für Jesus, der taufen wird mit Feuer und dem Heiligen Geist, zur Lebenswende. Als er aus dem Wasser steigt, öffnet sich ihm der Himmel, Heiliger Geist kommt über ihn. Der Vater bekennt sich zu ihm als dem einzig geliebten Sohn. Jesus geht nicht mehr nach Nazaret zurück.

»Er war ungefähr dreißig Jahre alt, als er zum erstenmal öffentlich auftrat« (Lk 3,23). *E. B.*

Heimsuchung
Gesegnet ist die Frucht deines Leibes (Lk 1)

Die Taube beherrscht das Bild. Wie am Anfang der Schöpfung schwebt der Geist, durch den der Kosmos entsteht. »Es werde!« (Gen 1,1) – wirkmächtiges Wort, das im Schoß einer Frau Israels kraft des Geistes Mensch werden soll. Mirjam erwartet den Messias Israels, den Heilbringer, »welcher ist Christus, der Herr« (Lk 2,11).

Die junge Mutter und das werdende Leben bedürfen des Schutzes. Josef ist ihr beigegeben. Nicht einfach so. Auch ihm ist bedeutet worden, daß er der Mutter der Gefährte durchs Leben und dem Sohn Nährvater sein soll. Darum muß Josef immer ein Hörender bleiben. Glaubender Gehorsam wird ihm abverlangt.

So umfängt er die Frau und den Sohn, ob der Weg nach Betlehem, nach Nazaret oder ins ferne Ägypten geht. Obwohl Beschützer, bedarf auch er des Schutzes. Alle brauchen die Obhut Gottes. Die Taube ist Garant: »Er beschirmt dich mit seinen Flügeln, unter seinen Schwingen findest du Zuflucht« (Ps 91,4). Schutz meint Gegenwart: Ich bin da, ich bin mit dir. Dieses Da-sein Gottes hat Israel im Lauf seiner Geschichte in vielfältigen Zeichen erfahren: »Nie wich die Wolkensäule am Tage und nie die Feuersäule« (Ex 13,22), lautet die Glaubenserfahrung der Wüstengeneration. Das Gelobte Land wurde erreicht, und Jerusalem wird zur Stätte der Anwesenheit Gottes. Das Volk weiß sich beschützt von der Bundeslade im Allerheiligsten des Tempels. Die Thora ist Licht und Weisung. Darauf setzt auch das Paar mit dem Esel auf seinem Weg in die Stadt Davids. Dort soll der geboren werden, der später sagen wird: »Siehe, ich bin bei euch alle Tage bis an das Ende der Welt« (Mt 28,20). Jesus sagt eine neue und endgültige Weise der Anwesenheit Gottes in dieser Weltzeit an: »Der Beistand, der Heilige Geist, den der Vater in meinem Namen senden wird, der wird euch alles lehren und euch an alles erinnern, was ich euch gesagt habe« (Joh 14,26). *H. F.*

Unterwegs nach Betlehem
Hinauf nach Judäa in die Stadt Davids (Lk 2)

Welch ein idyllisches Weihnachtsbild! Im Zentrum liebkost Maria, in leuchtend blauem Umhang, zärtlich ihr Kind, das in Windeln gewickelt ist. Voll Freude wendet dieses sich dem Betrachter zu. Hinter bzw. über Maria träumt selig Josef. Ein Hirtenmädchen faltet andächtig die Hände zum Gebet. Und im Hintergrund strahlt der Stern von Betlehem.

Die Idylle ist trügerisch – wie unsere heutige Weihnachtsromantik. Einige Hinweise darauf, daß bereits mit der Geburt des Gottessohnes sein Kreuzweg begann, hat Sieger Köder in seinem Weihnachtsbild untergebracht. Da wächst am unteren Rand aus der mit fünf Christrosen geschmückten »Wurzel Jesse« Israels König David heraus. Angetan mit königlichem Purpur, den Gebetsschal auf dem Haupt, hält er Ausschau nach jenem Sproß aus seinem Geschlecht, dessen Königsthron Gott ewigen Bestand verheißen hatte. Er trägt die Krippe, in welche Jesus von Nazaret, der neugeborene König der Juden, gelegt wird. Sein Titel ist auf der Seitenwand dieser Krippe zu lesen: INRI – IESUS NAZARENUS REX IUDAEORUM – Jesus von Nazaret, König der Juden. Es ist die Aufschrift, die Pontius Pilatus am Kreuz befestigen lassen wird. Damit sind auch die fünf Christrosen nicht mehr nur weihnachtliche Dekoration, sondern weisen voraus auf die fünf Wundmale des Gekreuzigten. Und in den Balken, welche das Dach des Stalls von Betlehem tragen, erkennen wir die drei Kreuze, die auf dem Hügel Golgota aufgerichtet werden. Die Krippe steht bereits im Schatten des Kreuzes. Der Mutter, die jetzt ihr Kind liebkost, wird der Leichnam ihres hingerichteten Sohnes in den Schoß gelegt werden. Hinter ihr träumt Josef nicht nur süße Träume. Sein unnatürlich verdrehter Kopf zeigt seine Hinwendung zu Gott an, der ihm offenbart, daß dieses Kind vom Heiligen Geist ist und den Namen »Jesus« tragen soll: Denn er wird sein Volk von seinen Sünden erlösen.« Er läßt ihn im Traum aber auch wissen, daß man ihm nach dem Leben trachtet. Wie vor der Geburt Jesu kein Platz in der Herberge war für Maria und Josef, so ist Gott in Menschengestalt vom Anfang bis zum Ende seines irdischen Wirkens »utopisch« (so das griechische Wort in Lk 2,7, das übersetzt wird mit »kein Platz«) in dieser Welt. So sehr sich aber die politischen und religiösen Führer bemühen, ihn zu beseitigen: Er findet seinen Platz. Er findet ihn nicht bei den Reichen und Mächtigen, nicht bei den Besserwissern und Selbstgerechten, sondern bei denen, die er selig preist: den Armen, den Hungernden, den Weinenden, den Verfolgten. So dunkel es um sie herum und in ihnen sein mag: über und in ihnen strahlt der Stern der Verheißung, das Licht seiner göttlichen Gegenwart. Das göttliche Kind lädt uns mit ausgestrecktem Arm ein, zu ihm zu kommen und und wie Maria seine Liebe zu erfahren. Es lädt uns ein, näherzutreten und wie das Hirtenmädchen anbetend niederzuknien – an der Krippe, unter dem Kreuz. Dort ist Gott verherrlicht und der Friede auf die Erde gekommen! *B. E.*

Geburt Jesu
Rosenberger Altar
Und sie gebar ihren Sohn (Lk 2)

Ein Baumstamm wird zum Stammbaum des Glaubens. Das Bild (eine freie Version zum Stammbaum Christi) macht mir bewußt, daß wir unseren Glauben und unsere menschlichen Grundsätze nicht allein zustande gebracht haben. Wir sind tief verwurzelt im Leben und Glauben derer, die uns vor Jahrhunderten, ja vor Jahrtausenden vorausgegangen sind. Da ist Abraham, der Stamm-Vater des Glaubens für Juden, Christen und Muslime. Das Bild zeigt: ein Gesegneter, der zu einem Segen wird für viele, weil er den Segen des Glaubens weitergibt. Über ihm sein Enkel Jakob/Israel. Der träumt, daß es immer eine Leiter der Hoffnung geben wird, auf der ein Stück Himmel in unser Tal der Tränen herabkommt.

Der königliche Harfenspieler und Psalmensänger David sagt mir, daß das Lied des Dankes, das Gotteslob nie verstummen darf. Und Mose in der Mitte des Bildes schenkt mir die Gewißheit: Gott gibt uns sein Wort. Wir *haben* sein Wort. Wir müssen uns nur – wie Mose – an dieses Wort halten, uns an ihm fest-halten. Dieses Wort muß weitergesagt werden, ob »gelegen oder ungelegen«. Wer allerdings lautstark wie Johannes der Täufer für Gott und sein Wort Zeugnis ablegt, wird nicht selten mundtot gemacht. Der leiseste im Bild ist Josef, der Mann Marias. Er ist ganz Ohr für das, was Gott ihm sagt. Und er ist der Mann, der Gottes Wort ohne Widerrede »tut«. Scheinbar ein ganz »Kleiner« der Weltgeschichte, vor Gott aber – ein Großer.

Unten im Bild: die Berge von Judäa, das Land Israel im Dunkel. Aber die dunklen Blau- und Grüntöne gehen über in das hellstrahlende Blau des Himmels. Dort, in der Spitze des Baumes, eine Frau: Maria, die Mutter Christi. Sie bleibt im Hintergrund; denn ihr ist nur eines wichtig: »Was er euch sagt, das tut« (Joh 2). Das ewige Wort, das Mensch geworden ist, Jesus, kommt offen auf uns zu. Gleicht er nicht schon dem Mann am Kreuz? Ob wir ihn aufnehmen werden?

Der Blick auf den biblischen Stammbaum Christi läßt mich immer wieder staunen; denn viele der Ahnen Jesu sind keineswegs Vorbilder, Heilige. Sie waren wie wir: einfach Menschen, auch Sünder. Und dennoch: aus diesem menschlichen Stamm kommt das Heil. Aus diesem Stamm wächst auch die Kirche. Für sie gilt in besonderer Weise, was Paulus den Christen in Rom ins Stamm-Buch geschrieben hat: »Erhebe dich nicht (über Israel). Du sollst wissen: Nicht du trägst die Wurzel, sondern die Wurzel trägt dich« (Röm 11). In diesem Sinne hilft mir das Bild, über meine Wurzeln neu nachzudenken. *T. S.*

Stammbaum Jesu
Alle Menschen werden das Heil sehen (Lk 3)

Das Entgegenkommen des Vaters, die Begegnung, die alle Berührungsängste hinter sich läßt, die liebkosende Umarmung und das stille An-sich-Drücken – das läßt aufleben. Aufnehmende Zuneigung und herzliche Anteilnahme lassen spürbar werden, was allein aus auswegloser Situation befreien kann und neue Lebensmöglichkeit eröffnet: der Herzschlag des Vaters, der Geborgenheit und Wärme verströmt. Die alten Abhängigkeiten von der Flasche, die unwürdige Gewandung des Sohnes aus gutem Hause, der abstoßende Geruch derer von der Straße, der verlebte Gesichtsausdruck des Heruntergekommenen, die zittrige Hand, die erschüttert den Arm des Vaters umkrallt, das ganze Elend eines gebrochenen Menschen und einer gescheiterten Existenz liegen in den Armen und an der Brust eines Vaters, der den küßt und beatmet, ansieht und auffängt, der haltlos und leblos geworden ist. Da wird nicht die Schuldfrage gestellt, da wird nicht das Sündenregister vorgehalten, da wird nicht die rote Karte gezeigt und die Türe zugeschlagen. Da lebt einer vor, was es heißt, sich dem anderen zu öffnen, offen zu halten, was die einzige Möglichkeit zum Aufleben bieten kann: Haus und Heimat, die Zusage: Du bist und bleibst mein Sohn. Versöhnung läßt aufleben. Wer angesehen wird, erhält Ansehen, wer gehalten wird, hat Halt, und wer erfährt, daß einer zu ihm steht, kann selber stehen.

Diese Offenheit, dieses Entgegenkommen und diese Zuneigung sind im Augenblick noch eine Überforderung für den anderen Sohn und Bruder. Schwer ist es zu begreifen und zu akzeptieren, daß das gerecht sein soll. Der Anständige kommt zu kurz, so empfindet er. Die Guten und Fleißigen sind doch immer die Dummen. Er steht abseits, im Abseits. Was wäre der Vater ohne ihn gewesen all die Jahre! Wie wurde seine treue Bereitschaft belohnt im Vergleich zu dieser überschwenglichen Herzlichkeit dem »Verlorenen« gegenüber? Messen, vergleichen, urteilen und beurteilen, richten und verurteilen können einen hart werden lassen, in sich verkrampft sein lassen, so daß man die Hände nicht mehr aufbringt zum Gruß, zur Umarmung, zur Berührung. Auch wenn die Kleider der Söhne aus demselben Tuch gewoben sind und dieselbe Farbe haben, auch wenn sie beide dieselben Wurzeln haben aus dem Geschlecht und dem Haus desselben Vaters, es ist und bleibt doch ein Unterschied – in der Würde, in der Haltung und in dem, was aus jedem geworden ist. Da gibt es doch nichts zu beschönigen. Wenn er denn nicht vergessen würde, der ältere Bruder, daß er schon lange belohnt war – »all das Meine ist dein« und daß für alle, auch für die, die schon daheim sind oder es immer blieben, gilt: öffne dich, laß dich anstecken von der Liebe und der Gerechtigkeit, die den anderen sucht, gerade auch in seiner tödlichen Verlorenheit, sei barmherzig, denn auch nur du lebst vom Herzschlag dessen, der dich Sohn sein läßt.

W. T.

Der verlorene Sohn
Dein Bruder war tot
und lebt wieder (Lk 15)

Manchen ist dieses Bild zu gefühlvoll. Sie meinen, es sei ein Bild für Kinder. Auf mich wirkt dieses Bild wie die Einladung zu einer Therapie: Schau wieder einmal in die Tiefe und Untiefe deines Lebens. Und ich entdecke in diesen Gestalten zunächst mich selbst: meine Freuden und Ängste, meine Wünsche und Fragen. Mir begegnen Menschen aus meiner Kindheit bis heute. Ich erinnere mich an Verirrungen, Verwundungen, an Zeiten, wo ich abhob wie die Schmetterlinge, aber auch an Stunden, wo ich glaubte, ich sei »auf den Hund gekommen«. Mir fallen Feste ein, Gemeinschaftserlebnisse. Ich spüre Sehnsucht und auch ein wenig Trauer: So könnte doch eigentlich Kirche sein! Mir begegnen meine ersten und meine späteren Freunde, die mit mir Leid, vor allem auch meine Freude teilten. Und es tauchen Bilder auf, die mein Leben bestimmten, sich wandelnde Bilder – von Christus, von Gott.

Diese biblische Bildgeschichte des Malers nimmt mich mit auf einen Weg. Bei näherem Zusehen eigentlich kein Weg, sondern ein Streifzug quer durch die Wüste. Ich sehe Spuren eines Vorausgegangenen und bemerke erstaunt – weil ich ja im Bild Bibel lese und schaue – daß einer mir immer schon nachgegangen ist, unbemerkt mitgegangen. Einer, der die Verlorenen sucht, die Verlierer, die einmal gewinnen wollten und irgendwo im Gestrüpp hängengeblieben sind. Er geht alle Wege mit. Ihm ist kein Weg zu weit, zu beschwerlich. Ein Therapeut wie kein zweiter. Er geht mir nach, bis er mich findet, genauer gesagt: bis ich mich finde. Bis ich mich, trotz aller Schrammen und Ermüdungserscheinungen, endlich angenommen, geliebt und geborgen fühle. Getragen von Menschen, die ja zu mir sagen; getragen von einer Liebe, die weiß, was verlieren heißt, die selber zu den großen Verlierern gehört, die einmal alles verloren und dabei alles gewonnen hat.

Er kennt meinen Weg. Er kennt meine Geschichte. Er kennt mich bis auf den Grund, weil er mich liebt. Heute weiß ich: Er gibt sein Leben für mich. Auge in Auge mit ihm brauche ich mich nicht zu schämen. Wo er ist, geht die Sonne auf, gehe ich unter in der Glut seiner Liebe. »Freut euch mit mir«, sagt er; denn ich habe einen Verlierer, der sich selbst verloren hatte, wiedergefunden. Teilt meine Freude! Denn ich, euer Gott, kann gar nicht anders, als mich freuen über euch, wenn ihr euch findet, euch finden laßt. Ich liebe euch doch. Und meine Freude über euch – kennt keine Grenzen.

Unsere Bildgeschichte in der Bibel beginnt mit dem Satz: »Es nahten sich ihm all die Zöllner und die Sünder. Die Pharisäer und die Schriftgelehrten aber empörten sich darüber und sagten: Der da – er nimmt Sünder an und speist mit ihnen.« Ich bin froh, daß es ihn gibt, »den da!« Ohne ihn wäre ich noch immer bei den Verlierern. Mit ihm aber – habe ich alles gewonnen, ihn und mich selbst.

T. S.

Der gute Hirte

Freut euch,
ich habe mein Schaf gefunden (Lk 15)

Was für ein Aufruhr vor dem Haus des kleinen Mannes, der Jesus gerade bis zur Schulter reicht! Er umarmt seinen Gast zur Begrüßung an der Schwelle seines Hauses. Jesus hat sich selbst eingeladen, aber der Hausherr war wohl von der Ankündigung des Besuches so beglückt, daß er eilends seinen Posten verließ, um vor dem Gast da zu sein und das Mahl vorbereiten zu lassen.

Die Menschenmenge vor dem Haus ist unruhig, empört. Zeichen des Aufruhrs sprechen aus den Gesichtern, den Händen: »Hast du schon gehört? Unglaublich, das soll ein Prophet sein! Ausgerechnet hier will er essen! Ein Gesetzloser – so einer gehört nicht zu uns! Weg mit ihm!« So könnte man es hören, auch wenn es nicht in der Bibel steht.

Einer aber staunt, er hält die Hand vor den Mund, um seine Stimme zurückzuhalten. Er hört wohl gerade den Dialog, der zwischen den beiden sich Umarmenden abläuft. Da hört er Aussagen von größter Tragweite.

Zachäus, der Hausherr, ist von der römischen Besatzungsmacht zum Oberzöllner bestellt worden. Er ist verantwortlich für das Eintreiben verschiedener Steuern. So ein Zollpächter braucht Gehilfen, die er aussendet, um holen zu lassen, was gefordert wird. Zachäus ist kein Gehaltsempfänger der Römer, er muß für sich und seine Gehilfen den Zuschlag zur Steuer nehmen. Vermutlich war ihm bisher viel gelegen an der Vermehrung seines Besitzes – reich soll er gewesen sein! Aber sein sozialer Status ist gebrochen, den Gesetzestreuen ist er ein Dorn im Auge, denn es ist gegen das Gesetz, mit den Heiden zu paktieren und aus dem »schmutzigen« Geschäft gar noch Profit zu ziehen! So wird Zachäus in ihren Augen zum Sünder, zum Außenseiter.

Doch dieser kleine Zachäus will Jesus sehen, den Rabbi, der Außergewöhnliches geschehen läßt. Heute ist Jesus in seiner Stadt, in Jericho. Und da er über die Schultern der Hochgewachsenen nicht sehen kann, nimmt er seinen Hochsitz im Maulbeerfeigenbaum ein. Und Jesus sieht ihn, er spricht ihn an, er will zu ihm kommen! Was mag dem Zachäus auf dem Weg nach Hause durch den Kopf gegangen sein? Vielleicht: Wenn dieser Jesus wirklich zu mir kommt, mich auszeichnet mit seinem Besuch, meine ausgegrenzte Stellung unter den Juden nicht scheut, dann will ich etwas an meinem Leben verändern!

Sein Blick in den Armen von Jesus ist beschwörend, versprechend: »Ich will wieder gut machen, wo ich Menschen geschädigt habe. Wenn ich der Weisung deiner Liebe zuwider war, will ich jetzt geben, viel Geld. Ich will nicht mehr ausbeuten, sondern dienen!« Jesus glaubt diesem Mann. Und so kann er zu ihm sagen: Auch du bist ein Sohn Abrahams, auch du gehörst in die Gemeinschaft des Volkes Israel, auch wenn du andere Wege gegangen bist als die Eiferer für das Gesetz. Du hast deinen Weg gefunden, und darum ist dir und deiner Hausgemeinschaft Heil widerfahren!

Jesus schenkt ihm seine Nähe. Er nimmt seine Umkehr an. Er will nicht erst das Bußgeld zählen, er glaubt an die Kraft der Begegnung mit diesem Mann, für den das Reich Gottes Wirklichkeit wird. *M. S.*

Zachäus
Heute ist diesem Haus
das Heil geschenkt (Lk 19)

Er ist selbst nicht sichtbar, nur seine Hände, die Brot austeilen und sein Spiegelbild im Becher, aus dem die Tischgemeinschaft trinken wird.

Gewiß gibt es seit jenem Ereignis unendlich viele Darstellungen, welche die Erinnerung der Zeugen festhalten. Sieger Köders Versuch steht in der Kette der Tradition, doch gibt er zur Gegenwart des Geschehens einen Hinweis auf die Zukunft der Mahlgemeinschaft.

Licht fällt von ihm, dem Rabbi Jesus, auf die Freunde. Die Unruhe scheint langsam zu verebben, denn der von Jesus angesprochene Verräter verläßt eben den Raum und ist schon ganz ins Dunkel gehüllt. Einer schaut ihm noch nach: War es wirklich Judas Iskariot, den Jesus gemeint hat? Der im Dunkeln hat sein Brotstück mitgenommen. Aus dem Becher trinkt er nicht mehr. Noch weiß keiner, welche Rolle dieser Treulose in der Dramatik der nachfolgenden Stunden spielt.

Sie schauen auf Jesus, von dem ein Glanz ausgeht, ein Symbol für das Mysterium. Es sind nicht nur elf Brotstücke, die da liegen, um Hungernde satt zu machen. In diesem Augenblick, auf dem Hintergrund des Kreuzes, das seinen Schatten schon auf den Tisch wirft, werden die gebrochenen Stücke zum Symbol der Hingabe. Brot essen und Wein trinken im Zeichen des Kreuzes gibt die tiefste Verbindung mit dem Geheimnis.

Sie tun es, weil er es sagt. Sie tun es, weil sie das Mahl kennen aus der liturgischen Tradition ihrer Väter. Erst viel später läßt das Nachdenken über diese Vorgänge die Wandlung der Tradition vom Paschamahl zum Eucharistiemahl herstellen.

Sie kamen zusammen zum Brotbrechen. Die frühen Gemeinden wußten, daß hier das Zentrum der Liturgie ist. Neben der Weitergabe der Lehre Jesu und der Kunde von seiner Geschichte steht die Einübung in seine Gegenwart. Und so folgten sie seiner Weisung: Tut dies zu meinem Gedächtnis! In allen christlichen Gemeinden hat sich dieses Mahl erhalten.

Die Darstellung aber macht uns auch schmerzlich bewußt, daß der Kreis der Zwölf durchbrochen ist von einem, der nicht glauben konnte: Einer, der eine leidvolle Geschichte mit dem Rabbi Jesus hat und ihn ausliefert an die politische Macht. Der Abtrünnige wird zum Werkzeug. Es scheint, daß die Geschichte auch diesen Vorgang fortsetzt. Immer gibt es Ausgebrochene, die den Glauben der Zurückgebliebenen in Frage stellen. Und sie lassen Spuren des Leidens zurück.

Die Lücke schließt sich. Der Becher macht die Runde. Das Spiegelbild, das wir heute nicht mehr real sehen können, vermittelt sich nur unserem inneren Auge. Glauben heißt vertrauen, daß seine Worte wahr sind. Eine Wahrheit, die nichts zu tun hat mit Naturwissenschaft und spitzfindiger Beweisbarkeit. Den kritischen Fragen gegenüber haben wir nur das Zeugnis des Glaubens.

Es geht um die Wahrheit der Erfahrung: Er mitten unter uns. *M. S.*

Abendmahl
Das ist mein Leib (Lk 22)

Veronika kommt nicht vor in der Bibel. Aber sie ist uns vertraut von den Kreuzwegstationen. Als man im 4. Jahrhundert anfing, in Frömmigkeit den Leidensweg Jesu nachzuvollziehen, da taucht nach einer Legende, die aus dieser Zeit stammt, jene Frau auf, deren Name der Schlüssel zu ihrem Verständnis gibt: Vera Ikona (lateinisch-griechische Zusammensetzung), das wahre Bild. Die Legende hält diese Frau fest, ihr Tuch, auf dem sich das Gesicht des Leidenden abgebildet hat und von dem eine Heilwirkung ausgegangen sein soll, dem der Kaiser Tiberius seine Genesung verdankt.

Mag sein, daß die Frau im roten Gewand eine der Töchter Jerusalems war, von denen Lukas uns berichtet. Sie stehen an der Straße, die zum Richtplatz führt. Volksmengen sehen sich dieses Spektakel an, darunter auch jene, die zu den Freunden Jesu gehören. Frauen, zutiefst erschüttert über dieses Urteil. Voll Mitleid mit einem Mann, den sie kannten, verehrten, liebten. Voll Verzweiflung über das Ende ihrer Hoffnungen, voll Gram über die geschundene Liebe. Und in ihrer Hilflosigkeit vollziehen sie die Wehklage der Trauernden, die Totenklage.

Wir können uns vorstellen, daß die Soldaten Platz schaffen mußten, um dem Verurteilten den Weg frei zu machen. Warum soll da nicht eine Frau impulsiv ihr Kopftuch genommen haben, ihm vor das schweiß- und blutbedeckte Gesicht gehalten haben? Es bleibt sein Antlitz zurück, wie ein Negativ aus einer eben stattgefundenen Berührung.

Den einzigen Hinweis, den uns Lukas anbietet, ist das kurze Verweilen von Jesus bei der Gruppe der klagenden Frauen: Weint nicht über mich, weint über euch. Was will er denn sagen, was will Lukas weitergeben? Vielleicht: Wenn ihr über mich weint, habt ihr nicht begriffen, daß meine Liebe zu den Menschen in diesem Schicksal sich vollzieht. Erst später werdet ihr seinen Sinn verstehen. Was euch bleibt, ist der Weg der Liebe, der Identifikation mit dem Elend in dieser Welt. Und wenn ihr euren Leidensweg weitergeht, wenn euch und euren Kindern Schlimmes zustößt – Hunger, Heimatlosigkeit, Einsamkeit, Krankheit, Tod, Trennung – es ist nicht mehr wie vorher. Ich habe euch ein Zeichen der Liebe gegeben, das weiterwirkt. In eurem Leid und in allen Leidenden, die euch begegnen, seht ihr mein Schicksal fortgesetzt. Aber mit dem Trost, daß sich Unheil in Heil verwandeln kann. Also weint nicht über mich, sondern über all jene, die das nicht begreifen.

Das Bild verweilt bei einem Auftrag. Hinter ihrem Schleier sehen die Augen der Frau gar nicht mehr auf Jesus, der schon weitergezerrt wurde. Sie sehen auf einen Schwarzen. Er kniet vor ihr und bettelt um Nahrung mit seinem leeren Napf. Er braucht das elementare Brot zum Leben.

Wo so konkret die Bitte um Zuwendung steht, findet die Fortsetzung des Leidens von Jesus, dem Christus, statt. Und die Weitergabe seiner Lehre bekommt ihre Orientierung aus seinem eigenen, überlieferten Wort: Was ihr einem meiner geringsten Brüder getan habt, das habt ihr mir getan. *M. S.*

Veronika
Kreuzweg Rosenberg
Frauen, die um ihn klagten (Lk 23)

Ans Kreuz genagelt – was für eine fremdartige Perspektive! Wo ist denn dieser Jesus, der da auf Golgota niedergeworfen und an sein Marterholz genagelt wird? Das Bild durchkreuzt unsere Sehgewohnheiten, es ändert unsere Blickrichtung und zieht uns gleichsam in den Kreuzweg hinein: es läßt uns mit den Augen Jesu schauen, der ausgestreckt auf dem Kreuz liegt und in einen grauen Himmel hinaufsieht, aus dem eine tote, schwarze Sonne auf ihn niederstarrt. Auf den Liegenden – auf mich, den Daliegenden – starrt aber auch ein Kranz von Gesichtern herab, so als läge ich auf einem Operationstisch, bereit zum Sezieren. Ein Opfer liegt ausgestreckt, ausgeliefert einer anonymen Mordmaschine: der römische Legionär – gesichtslos, gepanzert – tut mit geschwungenem Arm ungerührt seinen Henkersdienst. Gleich wird der Hammer niedersausen und wieder unter dem Gejohle der Menge einen Nagel eintreiben. Nicht alle johlen, neben amüsiertem, süffisantem Grinsen ist auch Nachdenklichkeit zu beobachten, Betroffenheit, Schmerz und Trauer. Einer schlägt die Hände vors Gesicht, er kann nicht mehr hinschauen; ein anderer blickt in die Schriftrolle, als deuteten ihm die prophetischen Worte des Sacharja, was hier geschieht und noch geschehen wird: »Sie werden auf den schauen, den sie durchbohrt haben.«

Die Einladung des Malers, sich mit dem leidenden Jesus zu identifizieren, die eigene Erfahrung von »Angenagelt-Sein«, von Festgelegt-Sein in dieses Bild einzutragen, ist unverkennbar. Was nimmt uns nicht alles die Bewegungsfreiheit, nagelt uns fest: Krankheit und Behinderung, unausweichliche berufliche und familiäre Belastungen, Vorurteile anderer. Und wie viele sehen wir in Not, Leid und Elend festgenagelt, ohnmächtig, ausgeliefert, begafft. Menschen schauen zu, eine Weltöffentlichkeit schaut zu, wo Menschen, wo ganze Völker zu Opfern der Gewalt werden. Jesus kennt diese Not; er hat sie am eigenen Leib erfahren.

Aber da gibt es noch eine andere, vielleicht noch tiefere Not, die von der schwarzen Sonne ausgeht. Der Dichter Jean Paul hat in seinem Werk »Siebenkäs« die »Rede des toten Christus vom Weltgebäude herab, daß kein Gott sei« eingefügt, in der es heißt: »Und als ich aufblickte zur unermeßlichen Welt nach dem göttlichen Auge, da starrte sie mich mit einer leeren, bodenlosen Augenhöhle an; und die Ewigkeit lag auf dem Chaos und zernagte es und wiederkäuete sich. – Schreiet fort, Mißtöne, zerschreiet die Schatten; denn ER ist nicht!« Dieser Alptraum der Gottesferne, der Gottverlassenheit ist das eigentliche Grauen dieser Szene. Da ist kein rettender Ankerpunkt, zu dem der Leidende aufblicken könnte, um sich in seiner Todesnot getragen und getröstet zu wissen. Der »gute Vater überm Sternenzelt« ist nicht da! Es ist, als würde sich schon hier jene Not zusammenballen, die dann am Kreuz herausbricht im Schrei: »Mein Gott, mein Gott, warum hast du mich verlassen?« Auch diese äußerste Anfechtung ist Jesus nicht fremd, und wer immer von uns einmal in diese »leere, bodenlose Augenhöhle« geblickt hat, darf sich an Jesu Seite wissen. *H.-P. J.*

Der vorletzte Blick Jesu
Kreuzweg Bensberg
Dort kreuzigten sie ihn (Lk 23)

Unterwegs in ein Dorf namens Emmaus, ein interessanter Ausschnitt der großen Emmaus-Begegnung; etwas, was unbedingt dazugehört, um dann die Erfahrung des neuen Sehens zu machen – wie es im Mittelteil des großen Altarbildes dargestellt ist. Unser Ausschnitt, ein Bild der Gegensätze: dunkel und hell, Finsternis der Sonne und Aufstrahlen eines Schattens, fragende Gesichter und ein Buch, aufgeschlagen mit möglichen Antworten.

Was war geschehen? Was bewegt die zwei Männer im Vordergrund? Es war Nacht geworden, nicht nur am Himmel, sondern auch in ihren Herzen. Ihre Hoffnung, die sie auf Jesus von Nazaret gesetzt hatten – sie ist zerbrochen. Das Licht der Befreiung, das durch ihn neu aufstrahlte, es war ausgelöscht. Fern auf dem Hügel Golgota stehen noch die Kreuze, ragen hinein in den blutroten Himmel. Leitern sind angelehnt, die schreckliche Arbeit ist getan, die toten Leichname bereits abgenommen. Da kam einer von Gott, war wie eine verbindende Leiter zwischen Erde und Himmel, hat sich hineingegeben in die menschliche Geschichte, um Heil zu bringen und ist selbst gescheitert. Der Weg schien mit ihm zusammen zukunftsträchtig und jetzt ein klares »aus«.

Da kann man Jerusalem und dem schrecklichen Geschehen auf Golgota nur noch den Rücken kehren und weglaufen. Wem folgen, wenn der Rufende, Führende nicht mehr da ist, ermordet wurde? Was tun, wenn alle Klarheit, Sicherheit und Herausforderung für den weiteren Weg fehlt?

Und so machen sie sich wieder auf, brechen auf und lassen ihr Herz sprechen, fragen, suchen, klagen und geben ihrer Enttäuschung Raum. Ein Fremder kommt hinzu, geht mit, unerkannt. Er stellt Fragen, hat Interesse, gibt Hinweise auf alte Verheißungen und Zeugen wie Mose und die Propheten.

Der Schatten läßt uns ahnen, wer dabei ist. Der Schatten hinter ihnen, obwohl die Sonne auch hinter ihnen ist, der Schatten von drei Menschen, obwohl nur zwei miteinander unterwegs sind, im Gespräch vertieft. Ein dritter ist dabei, und er bringt Licht und Erkennen in die nachdenklichen Gesichter. Bruchstücke tauchen auf aus der Erinnerung, werden wieder verworfen, weil man sich nicht noch einmal falschen Hoffnungen hingeben will.

Und doch: »Das Wort ist Fleisch geworden und hat unter uns gewohnt, und wir haben seine Herrlichkeit gesehen« (Joh 1,14). Das Wort Gottes – ein Fingerzeig; das Wort Gottes – Licht auf dem Weg, Antwort auf viele Fragen. Das Buch in der Hand des Emmausjüngers – ein Hinweis für Menschen auf dem Weg, für Menschen und ihre Erfahrung mit Leid, Tod und Sinnlosigkeit. Das Buch, die Bibel, die Offenbarung des liebenden Gottes, sein Wort ist uns geschenkt.

Ob uns die Augen aufgehen, ob wir neu sehen lernen, ob unser Herz zu brennen anfängt hängt auch damit zusammen, wie wir mit den Karfreitagen unseres Lebens umgehen, wie wir miteinander im Gespräch bleiben in allen Dunkelheiten, wie wir uns ansprechen lassen von dem Fremden. *P. L.*

Auf dem Weg in ein Dorf namens Emmaus (Lk 24)
Rosenberger Altar

Die beiden Jünger, die von Jerusalem nach Emmaus unterwegs waren, sind angekommen. Feiern können sie. Vor ihnen liegen die Schriften geöffnet, deren Sinn unterwegs der unerkannt Mitziehende erschloß. Nicht nur ausgehend von Mose und allen Propheten wird im Bild das schriftgemäße Leiden des Messias gedeutet, sondern der Maler geht noch einen Schritt weiter zurück und legt zum Propheten Jesaja eine Schriftrolle mit einem Platonzitat. Wie für die Kirchenväter zählt auch für Sieger Köder Platon zu den Propheten, und dies um so mehr, als die Textstelle ein Licht auf den Weg des Messias wirft: »... daß der Gerechte gefesselt, gegeißelt, gefoltert, geblendet an beiden Augen werden wird, und zuletzt, nachdem er alles mögliche Übel erduldet, wird er noch gekreuzigt werden ...« (Platon, Politeia, 361e–362a). Ebenso weist die Rolle des Propheten Jesaja aus den Gottesknechtsliedern auf Jesu Leiden und Sterben für uns Menschen hin: »Unserer Sünden wegen wurde er durchbohrt und unserer Vergehen wegen geschlagen« (Jes 53,5). Das sind Schlüsselwörter, die Jesus in einem neuen Licht erscheinen lassen und die Frage beantworten: »Mußte nicht der Christus alles das erleiden und dann so in seine Herrlichkeit eingehen?« (Lk 24,26).

Die beiden Jünger sind angekommen. Sie haben gefunden, was sie suchten: einen Tisch mit Brot und Wein und die Schriften, die ihnen Antwort auf ihr banges Fragen nach Israels Erlösung geben. Ihre Augen sind aufgetan. Sie schauen das Licht. Ihre Herzen brennen. Der Tiefensinn der Schriften hat sich ihnen erschlossen. Ihr Unterwegssein mit erloschenen Herzen, ihre Niedergeschlagenheit und ihre zerronnene Hoffnung liegen hinter ihnen. Sicherlich, auf dem Weg von Jerusalem nach Emmaus mußten sie das Dunkel bestehen. Miteinander gingen sie, sprachen über das für sie Unfaßbare. Der Messias, der Israel erlösen sollte, war am Schandpfahl des Kreuzes gestorben. Im Reden und im Brotbrechen ging ihnen auf: Jesus mußte leiden und der Gekreuzigte sollte leben.

Noch liegt das Brot auf dem Tisch, noch steht der Weinbecher für den Eingeladenen auf seinem Platz. Sie haben ihn erkannt, und zugleich entzieht er sich ihnen. Für die beiden beginnt der erste Tag der Woche. Sie setzen die Sabbatheiligung auf den Ostertag hin fort, der keinen Abend kennt. Sie dürfen beten: »Gelobt seist du, Herr, unser Gott, Weltenherrscher, der die Frucht des Weinstocks erschafft ..., der das Brot aus der Erde hervorbringt.«

Der eine Jünger, in sich gekehrt, ganz versunken das Brot haltend, ist sich gewiß, mit dem Brot hält er den in der Hand, der sein Leben hingab für die Menschen. Brot ist für ihn fortan Faustpfand des ewigen Lebens. Der andere faßt den Weinbecher und hebt die Hand zum Segen. Die Gesten und Zeichen weisen hin zum Abschiedsmahl Jesu und zur sonntäglichen Eucharistie. Der Wein im Becher ist Jesu Blut, das Blut des Bundes, vergossen für viele (Mk 14,24). Das ist Emmaus: tastend, suchend, fragend auf dem Wege sein, offen für Begegnung, offen für das Neue, Leben aus dem Tod. *K. G.*

Emmaus
Rosenberger Altar
Sie erkannten ihn;
dann sahen sie ihn nicht mehr (Lk 24)

Noch ein idyllisches Weihnachtsbild! In wohlvertrauter Weise zeigt es den Stall von Betlehem, über dem die Sterne schimmern. Eine Familie mit Kindern ist zur Krippe gekommen. Aber in der Krippe liegt kein Kind, sondern – die Bibel! Das Johannesevangelium ist aufgeschlagen. Zu lesen ist der entscheidende Vers aus dem Prolog: »Und das Wort ist Fleisch geworden und hat unter uns gewohnt« (Joh 1,14). Wie Johannes, so malt auch Sieger Köder die Geburtsgeschichte Jesu hier nicht aus. Alle Begleitumstände, die unser weihnachtliches Brauchtum phantasievoll angeregt haben, bleiben unerwähnt. Dargestellt wird nicht, was bei der Geburt Jesu geschehen ist, sondern was die Menschwerdung des Gottessohnes für uns bedeutet!

Im Zentrum steht das Wort, das von Anfang an bei Gott war, ja, das Gott selbst war, durch das alles geworden ist und in dem das Leben war (vgl. Joh 1,1-4)! Was ist das für ein Wort? Es ist das Wort: »Ich liebe dich!« Denn: »Gott ist die Liebe« (1 Joh 4,8). Diese Liebeserklärung Gottes klingt schon in der Geschichte seines auserwählten Volkes Israel immer wieder an. Das Buch des Propheten Jesaja, das aufgeschlagen neben der Krippe liegt, zeigt das Bild vom Baumstumpf Isais, aus dem ein neues Reis hervorwächst (Jes 11,1): ein Bild für die lebenschaffende Treue Gottes über alle Katastrophen hinweg. Gott spricht seine Liebeserklärung jedem Menschen zu – bedingungslos, unwiderruflich.

In Jesus von Nazaret hat Gott das in einzigartiger und endgültiger Weise getan. In ihm spricht Gott sein Wort der Liebe nicht nur mit einzelnen Wörtern aus. Sein Wort wird Fleisch: Er spricht sich selbst aus, indem er in unsere Welt hineingeht, Fleisch und Blut annimmt, leibhaftig unter den Menschen wohnt. Weil er als Mensch unter Menschen weilte, konnten sie den unfaßbaren Gott erfahren, anfassen, ihm begegnen.

Daß Gott uns so nahe kommt, ist einerseits großartig. Andererseits führt es dazu, daß der menschgewordene Gott übersehen werden kann – als Mensch unter Menschen! Wäre der allmächtige Gott in all seiner Herrlichkeit erschienen: die Menschen hätten nur noch anbetend niederfallen können. Weil er aber die freie Antwort unserer Liebe wollte, kam er ganz unscheinbar »in sein Eigentum, aber die Seinen nahmen ihn nicht auf« (Joh 1,11) und die Welt, die durch ihn geworden ist, erkannte ihn nicht (Joh 1,10).

Als letzte Zeile lesen wir in der aufgeschlagenen Bibel: »und wir«. Und wir? Wir können dem Gottessohn nicht so begegnen wie die Zeitgenossen Jesu. Wir sehen nicht das Kind in der Krippe, sondern sein Wort, das uns in der Heiligen Schrift überliefert ist. Werden wir es heraushören aus den vielen Wörtern, die wir täglich hören? Wer sich einläßt auf sein Wort, kann erfahren, wie es Fleisch wird und in ihm wohnt. So wird er den Satz vollenden können: »Und wir haben seine Herrlichkeit gesehen, die Herrlichkeit des einzigen Sohnes vom Vater, voll Gnade und Wahrheit« (Joh 1,14). *B. E.*

Und das Wort
ist Fleisch geworden (Joh 1)

Das Bild zeichnet den tiefen Wahrheitsgehalt einer Geschichte nach, wie sie uns Johannes berichtet. Jeden Mittag kommt die junge Frau aus Sychar zum Brunnen, um Wasser zu schöpfen. Sie braucht es für den Lebensbedarf, für Mensch, Tier und Pflanzen. Heute ist diese Alltäglichkeit unterbrochen durch die Begegnung mit einem Fremden, einem Mann aus Galiläa, ihr gegenüber. »Gib mir zu trinken.« Vielleicht hat sie ihm wirklich zuerst einen Becher mit Wasser gegeben, dem dürstenden Wanderer. Aber die Verwunderung muß sie aussprechen, weil er die Grenze einer getrennten Tradition übergeht. Die Fremdheit weicht, er spricht vom lebendigen Wasser.

Erst denkt sie ganz naiv: wenn ich einen solchen Zauber hätte, müßte ich nicht mehr mühsam zum Brunnen gehen. Aber er meint ja etwas ganz anderes in der Fortsetzung des Berichtes. Er gibt ein Zeichen: Er kennt ihre Geschichte und beginnt mit ihr ein Lehrgespräch. Er nimmt sie ernst, und zuletzt läßt er seine wahre Identität erkennen. Und sie glaubt ihm.

Diesen Augenblick hält der Maler fest. Die junge Frau schaut nicht auf den Mann, der ihr gegenübersteht. Sie setzt sich ihm auch nicht zu Füßen, zu ihm, dem lehrenden Rabbi. Sie schaut in die Tiefe des Brunnens und sieht dort das Spiegelbild.

Der Brunnen – als Symbol des tiefen Selbstseins – spiegelt eine wundersame Erfahrung. Der Mann Jesus, durch eine Lichtschranke von ihr getrennt, gewährt ihr eine neue Dimension der Zuwendung. Da ist einer, der sie nicht zurücklassen wird, allein, ausgebrannt im Kampf der Geschlechter. Hier ist nicht einer, der überwältigt, mit dem sie verschmelzen möchte. Dieser bleibt ihr nahe in der Distanz einer verstehenden Zuwendung. In dieser Erfahrung ist der Durst des Körpers nicht mehr wichtig. Was Er geben will ist: lebendiges Wasser. Und: wer von diesem Wasser trinken kann, wird selbst in der Lage sein, lebendiges Wasser weiterzugeben. Und er wird nicht mehr allein zurückbleiben, sondern ist eingebunden in eine Kette von Empfangen und Geben.

Im Erkennen erlebt diese Frau eine Wandlung. Ein langer Weg des Suchens findet hier, in diesem Augenblick der Einkehr in die Tiefe sein Ziel. Schauen und Geschautwerden übersteigt hier aber die nur rein menschliche Du-Erfahrung. Die junge Frau sieht die Lichtschranke zwischen sich und Jesus: von ihr getrennt gewährt er eine neue Dimension der Zuwendung; ein kreativer Prozeß erfaßt sie und läßt sie sagen, daß sie ihm glaubt. Und aus dieser Kraft heraus kehrt sie in die Stadt zurück.

Die Frau aus Sychar zeigt sich uns im offenen Rund der Brunnenöffnung. Licht von oben hüllt sie ein, ein Äquivalent für die Selbstfindung im Brunnen, in ihr. Das Symbol spricht zu uns: Erst wenn wir ganz tief in uns einkehren, mag es sein, daß wir ihn finden. Aus dem Geheimnis der Begegnung mögen wir »lebendiges Wasser« schöpfen. *M. S.*

Die Frau am Jakobsbrunnen
Ich bin es, der mit dir spricht (Joh 4)

Inhaltsschwer ist die Brotrede im Johannesevangelium und ebenso das Bild, das die Brotrede in eine »Brotlandschaft« übersetzt. Unter bläuendem Himmel wogen Getreidefelder reif zur Ernte. Korn ist gewachsen, Frucht der Erde und der menschlichen Arbeit. Gedroschen, gemahlen und gebacken wird es zu Brot. Erde, weiß überzogen mit einem Tischtuch. Eucharistisches Brot, gebrochen, Brot, aufgeschnitten, Wecken und Getreidekörner. »Brotlandschaft« läßt denken an die in den Horizont übergehenden Getreidefelder der spanischen Meseta, an die endlosen Kornkammern Mecklenburgs und Pommerns, an die ins Unendliche sich verlierenden Weizenfelder Kanadas. Erde und Himmel gehen ineinander über. Fülle, Manna, Brot, ein Geschenk des Himmels, das alle satt macht.

Brot, so fest es auch gebacken ist, bleibt immer durchscheinend für eine tiefere Wirklichkeit. Viele Getreidekörner zwischen den Mühlsteinen zerrieben zu Mehl, durchsäuert mit dem Ferment, gebacken in der Feuersglut lassen den Geschmack der Erde, der Sonne, des Frühtaus, der Gluthitze, der Nachtkühle und den Schweiß der Menschen verkosten.

Brot läßt die Erzählung der Bibel von der Brotvermehrung in den Blick treten. Jesus nimmt fünf Brote und zwei Fische, spricht den Lobpreis, bricht die Brote und läßt sie austeilen an die Lagernden. In der »Brotlandschaft« steht Jesus, der mit den Menschen Erbarmen hat. Er kennt ihr Leben. Er teilt es mit ihnen. Ihr Suchen und ihre Fragen macht er zu seinem Suchen und zu seinen Fragen. Seine Worte sind wie Brot. Sie haben Kraft und halten vor. Im Teilen und Essen des Brotes geht den Menschen auf, wer dieser Jesus von Nazaret ist: Einer, der die kunstvollen Lehrgebäude der Theologen einreißt und nicht trockene Katechismuswahrheiten austeilt, sondern Brot, eßbares Brot, das satt macht und zugleich hungrig, Hunger nach mehr, nach mehr Sinn, nach mehr Tiefe, nach Zukunft, nach Leben für immer.

»Brotlandschaft« erzählt die unendlich lange Geschichte des Brotes, das zum Sakrament wird. Sie beginnt mit dem Abrahamsfladen, einem Bissen Brot, drei Fremden zur Stärkung gereicht, Zeichen des Schalom. Ein Fremder im fremden Land teilt mit den Fremden sein Brot und spürt, Engel sind bei ihm eingekehrt und mit ihnen Gott selber. Ungesäuertes Brot in der Passahnacht hastig gebacken, Brot der Knechtschaft, den Aufbruch in die Freiheit ansagend. Manna, Brot mit dem Frühtau des Morgens, Geschenk des Himmels, die Wüste zu bestehen. Brot der Festesfreude und Brot der Trübsal. Brot, Jesu Leben. Sein Leben war wie Brot. Sich selbst gibt er hin im Brot, als lebendiges Brot für das Leben der Welt. Brot, gebrochen und weitergereicht, Leib hingegeben in den Tod, damals im Abendmahl und am Kreuz, fortan immer in der Feier der Eucharistie. Jesus sagt: »Brot, das ist mein Leib. Das bin ich. Wie Brot bin ich ganz und gar für euch da.« Wer von diesem Brote ißt, das Jesus schenkt, wird nie mehr hungern. Er gibt das wahre Brot, das Brot des Lebens. Brot, uns gegeben als Faustpfand des Lebens. Brot, das ist Jesu Leben für Gott, für die Menschen und für die Welt. *K. G.*

Brotrede
Ich bin das Brot (Joh 6)

Meister, diese Frau wurde beim Ehebruch auf frischer Tat ertappt« – mit diesen Worten bringen die Männer die Ertappte vor Jesus. Von dem Mann, der bei diesem Ehebruch auch beteiligt war, ist nichts zu sehen. Die Frau allein wird verantwortlich gemacht. Sie hat keine Chance gegen so viele gewichtige Männer. Das Gesetz will, daß die Frau gesteinigt wird.

So bilden diese Männer zusammen mit dem dunklen Schatten im Hintergrund eine undurchdringliche Mauer. Breitbeinig steht der eine am linken Bildrand. Mit erhobenem Zeigefinger belehrt er seinen Nebenmann. Dieser läßt mit unbeteiligter Miene die Belehrungen seines Nachbarn über sich ergehen. Er ist nur als Zuschauer gekommen und will sich nicht betreffen lassen. Einer hält entsetzt die Hand vor den Mund. Vielleicht ist er über sein eigenes Tun und Reden erschrocken. Daneben einer mit finsterem Gesichtsausdruck. Sein Nebenmann überragt alle an Größe, sein Gesicht ist hart und überheblich, seine Hand weist nach unten, so als ob er die Frau zwingen wollte, sich hinunterzubeugen. Im Hintergrund tuscheln zwei hinter vorgehaltener Hand miteinander. Gemeinsam bilden die Männer eine undurchdringliche Mauer von Rechthaberei und Selbstgefälligkeit.

Die Frau in der Mitte sitzt da, als ob es die Bedrohung im Rücken nicht geben würde. Sie wirkt zerbrechlich. Schützend hält sie mit der rechten Hand ihr Gewand zusammen. Und doch ist sie offen und zugewandt, und ist bereit, sich dem Gegenüber entgegenzustrecken. Aufmerksam und offenen Blicks schaut sie nach vorne auf den, dessen Hand überdimensional vor ihr in den Sand schreibt. Diese Hand ist mächtiger als die kleine Hand, die parallel dazu ins Bild ragt und bereits einen Stein für die Frau bereit hält. Erhobenen Hauptes schaut sie auf Jesus. Das Licht, das von ihm auf sie fällt, scheint sie zu schützen. Die Männer haben es nicht geschafft, sie zu beugen.

Eigentlich geht es gar nicht um die Frau. Jesus soll auf die Probe gestellt werden. Nicht um sich bei Jesus einen Rat zu holen, sind die Männer zu ihm gekommen. Sie suchen einen Grund, um ihn zu verklagen. Jesus weiß, daß sie ihm eine Falle stellen wollen. Er bückt sich und schreibt mit dem Finger auf die Erde.

»Shalom.« Das ist eine Antwort und ein Angebot. Ohne sich um die anklagenden Männer oder die angeklagte Frau direkt zu kümmern, bezieht Jesus Stellung. Shalom greift den Gedanken der Wiedergutmachung auf. Auch hier geht es darum, für getanes Unrecht zu bezahlen. Jedoch nicht in einem berechnenden und äußerlichen Sinn. »Wer von euch ohne Sünde ist, werfe als erster einen Stein auf sie.« Damit gibt Jesus die Anklage der Männer als Anfrage an ihr eigenes Leben zurück. Das genügt. Sie haben ihn verstanden. Einer nach dem anderen geht fort, zuerst die Ältesten. Dann bückt Jesus sich wieder und schreibt. Das Wort, das er still in den Sand schreibt, zeigt einen großzügigen Horizont von äußerem und innerem Frieden auf. In diesem Horizont können auch die wieder neu beginnen, die sich etwas zuschulden kommen ließen. »Auch ich verurteile dich nicht. Geh und sündige von jetzt an nicht mehr.« *A. D.*

Die Ehebrecherin
Wer ohne Schuld ist (Joh 8)

Nur bei Johannes finden wir diesen Text, zu einer Zeit aufgeschrieben, wo sich vielleicht schon Gemeindestrukturen herausbildeten, in denen es ein Gefälle gab zwischen den »Oberen« und den »Unteren«. Und da erinnert sich der Schreiber an ein sehr eindruckvolles Detail der Szene, beim letzten Paschamahl, die der Maler im Bild festhält.

Der Rabbi hat sein Obergewand abgelegt. Er hat die Wasserschüssel gefüllt und beginnt, die Füße der Tischgenossen zu waschen. Eine Handlung, die bei einem orientalischen Mahl ganz üblich war: die staubigen Füße bedürfen der Reinigung, ehe man sich zum Mahl lagert. Das war die Arbeit der Diener: sie lösten die Riemen der Sandalen, sie wuschen die Füße der Gäste.

Jesus übernimmt diesen Dienst. Es gibt keinen Diener, an den er delegieren wollte, was zu tun ist. Er tut es selbst. Und so kommt es zu der Szene, die berichtet ist: Simon Petrus wehrt sich, von seinem Rabbi diesen Dienst anzunehmen. Er berührt ihn mit der Rechten, unterstützt mit dieser Geste seine eindringliche Bitte. Seine Linke aber steht in der Mitte des Bildes wie eine Beschwörung: Du, Herr, sollst dich nicht so herabbeugen, solchen Knechtsdienst tun für mich. Das kann doch nicht angehen. Der Herr, ein Knecht!

Jesus belehrt Petrus: »Wenn ich dich nicht wasche, hast du keinen Teil an mir.« Ob Petrus begriffen hat in diesem Augenblick, was Jesus ihm sagen wollte? Er tut so – und will noch mehr. Wir sehen die Szene heute wohl transparenter: Der Rabbi Jesus zeigt auf die andere Seite seiner Sendung: ganz dienstbar zu sein für den anderen, sich herabzubeugen über seine Füße – eine Geste der Demut vor dem Menschen, vor dem er kniet.

Dem Wehren aus Unverständnis antwortet Jesus: So muß es geschehen, tut ihr desgleichen! Und dabei fällt das Spiegelbild seines Gesichtes genau auf die Füße des Petrus. Eine Aussage, die in die Zukunft weist: Wenn du, Simon, als Petrus deine Rolle einnimmst, dann trete in meine Fußstapfen. Laß deine Füße gelenkt sein von meinem Bild, des Bildes der Demut, der Liebe zum Menschen. Es geht in dem Amt, das dir zufallen wird, nicht um Herrschaftsanspruch, sondern um Knechtsdienst. Verkündigung setzt die tiefe Hinneigung zum Menschen voraus.

Ob Petrus, der vielleicht der erste Bischof von Rom war, das je begriffen hat? Die Trauer im Spiegelbild des Jesus läßt vielleicht ahnen, was wir aus der Geschichte wissen: Welch ein Reich der Macht und Gewalt ist in Jahrhunderten entstanden aus der Lehre des Rabbi Jesus! Die Tragik seiner Liebe hat sich nach seinem Tod fortgesetzt.

Darum bleibt der Hintergrund dunkel. Er hüllt einen barmherzigen Schleier über allen Führungsanspruch der Vorsteher christlicher Gemeinden. Ein Lichtschein über dem viergeteilten Brot erinnert, daß dies nicht nur eine römische Tragödie ist, sondern alle betrifft, die im Namen Jesu Macht ausüben. *M. S.*

Fußwaschung
Ich habe ihnen ein Beispiel gegeben (Joh 13)

Der Prozeß ist beendet. Das Urteil ist gesprochen. Es gibt keinen Aufschub, die Hinrichtung wird vollzogen. Seine von den Peitschenhieben blutenden Hände ergreifen das Kreuz. Sie umfassen den Balken, und es ist, als ob die Hände auf dem Bild sagen wollten: Ja, ich ergebe mich in das Ungeheuerliche. Vielleicht hat Jesus sich festgehalten am Jesaja-Wort: »Wie ein Lamm, das zur Schlachtbank geführt wird ...« Wie am Ölberg braucht er die Vergewisserung, den Willen des Vaters zu tun.

Suchen wir solche Worte, um uns vorzustellen, wie Jesus mit der Verurteilung und dem Ende des Prozesses umging – weil wir selbst uns unendlich schwer tun mit der Akzeptanz dieses Geschehens? Auch wenn es später seine dogmatische Bedeutung bekommt, wenn eine Erfüllung der Schrift den Vorgang sanktioniert, so bleibt er doch zutiefst empörend. Das Scheitern des Rabbi Jesus, von dem so viel Licht und Heil ausging, endet in einem brutalen Tod. Es ist nicht nur Mitleid, was uns bewegt, es ist wie ein Aufschrei, daß es keine andere Lösung gegeben haben soll, Versöhnung zu erwirken. Die Akzeptanz setzt voraus einen Glauben an Gott, der seinem Sohn solches zumutet: die Liebe zum Menschen in einer letzten Entäußerung in den Tod hinein zu vollziehen. Und damit setzt er ein Zeichen zwischen uns und ihm, dem Fernen.

Der Maler gibt dem Bild über die Stunden des Kreuzweges hinaus noch einen anderen Akzent. Über dem Querbalken hängen schwere eiserne Haken. Und parallel zum Querbalken Schienen zur Hinrichtung, wie wir sie aus dem Gefängnis in Plötzensee (Berlin) kennen. Dort haben im Juli 1944 andere Schergen Männer hingerichtet, die das Äußerste gewagt haben, um die Diktatur von Ungerechtigkeit und Haß zu beenden. Sie sind gescheitert, ihre Vernichtung folgte unmittelbar.

Und ich glaube, daß die Eisenschienen von Plötzensee nur ein Zeichen sind für so unendlich viele Gefolterte und Hingerichtete, die gewagt haben, für Gerechtigkeit, Menschenwürde, Freiheit der Unterdrückten sich einzusetzen. Wie ein Blutband ziehen sich der Kampf zwischen Macht und Ohnmacht, Enge und Freiheit, Unterdrückung und Aufschrei durch die Geschichte. Und überall dort, wo solches geschieht, mag man sich an Jesus von Nazaret, den um der Liebe willen Gekreuzigten, erinnern.

Dieser Jesus hat sich auf die schlimmste Form menschlicher Vernichtung eingelassen. Mit seiner Angst und seinen Zweifeln, mit der zerbrechenden Kraft ist er mit seiner leiblichen Existenz eingegangen in die letzten Stunden all jener, die wie er der Verurteilung nicht entrinnen können.

Ob es jene tröstet, ein Vorbild zu haben? Sie können es uns nicht mehr sagen, von einigen gibt es Zeugnisse. Nur wir können vom Ende der geschichtlichen Erfahrung mit Jesus her sagen: hier ist ein Zeichen, das der Gewaltsamkeit der Vernichtung einen neuen Sinn gibt. *M. S.*

Er trug sein Kreuz (Joh 19)
Kreuzweg Bensberg

Zentrum dieses farbprächtigen, klar gegliederten Bildes ist der weißglänzende Leibrock Jesu, »ohne Naht, von oben her ganz durchgewebt«, wie das Johannesevangelium erzählt. Dieses Untergewand Jesu »aus einem Stück«, über das selbst die Soldaten das Los warfen, galt schon in der Alten Kirche als Sinnbild der unteilbaren Einheit der Kirche. Und auch noch in unseren Tagen, anläßlich der Heilig-Rock-Wallfahrt nach Trier, war das dort gezeigte Gewand für viele eine bewegende Erinnerung an das konkrete Menschsein Jesu.

Vor dem Hintergrund solcher Deutungen bewegt sich auch die Darstellung Sieger Köders. In welche Richtung will sie unseren Blick lenken und unser Nachsinnen anregen?

Um den Leibrock Jesu sind hier Repräsentanten der drei Hauptrichtungen der christlichen Kirche(n) versammelt: im Vordergrund ein Pope der orthodoxen Kirche in goldglänzendem Ornat, neben ihm ein protestantischer Pfarrer im schwarzen Talar, ihm gegenüber ein römisch-katholischer Bischof (Papst) in dunkelroter Mitra und Kleidung. Alle drei fassen in gemeinsamer Verehrung ein Stück, »ihr« Stück dieses Gewandes Jesu, was heißen könnte: »ihren« Anteil an seinem Erbe.

Aber stört nicht der Schwarzhäutige mit seiner blutroten Fahne diese fromme Idylle? Und zeigen sich nicht auf dem dargestellten »heiligen Rock« Risse in Gestalt eines zerbrechenden, aus dem Lot geratenden Kreuzes? Könnten letztere nicht so zu lesen sein, daß frommes Evangelium zwischen getrennt bleibenden Konfessionen das Ärgernis der Spaltung des »Leibes Christi« nicht zu beseitigen vermag? Ja, daß ein selbstgenügsames Sich-Zufriedengeben mit dem je eigenen Anteil am Erbe Jesu dessen eigentliches Vermächtnis vergessen machen und in den Hintergrund rücken kann, wie dieses hier sich im Schattenwurf seines Kreuzes anzeigt (der Schaft des Kreuzes ist am oberen Bildrand gut zu erkennen)? So gesehen wird der Schwarze mit seiner roten Fahne, auf den der leicht zu übersehende Kreuzesschatten zuläuft, zur herausfordernden Anfrage an die Adresse der Kirchen und von uns Christen.

Sehen wir in diesem Menschen – mit den Worten des letzten Konzils – »Freude und Hoffnung, Trauer und Angst der Menschen von heute, besonders der Armen und Bedrängten aller Art«, ihren Kampf um Menschenrechte und menschenwürdige Lebensbedingungen verkörpert, dann erinnert unser Bild kraftvoll an die Vorgabe Jesu, daß »der Mensch, der eine und ganze Mensch, mit Leib und Seele, Herz und Gewissen, Vernunft und Willen« im Mittelpunkt der Heilssendung der Kirche zu stehen hat (vgl. Gaudium et spes, Nr. 1 und 3). Von daher bildet auch die rote Fahne, die geradezu aus dem Leibrock Jesu herauszuwachsen und sich mit dessen Weiß zu vermischen scheint, keinen Gegensatz zu Jesu Kreuz. Dieses würde vielmehr um seine rettend-befreiende Kraft gebracht, käme es nicht je neu ins Gemenge mit den Nöten der Menschen – auch in unserer Zeit. *R. B.*

Das Gewand Jesu
Sie teilten meine Kleider unter sich (Joh 19)

In den Ostergeschichten, wie sie Johannes bewahrt hat, erscheint eine Frau, die uns deutlicher gezeigt wird: Maria von Magdala. Wer ist diese Frau im roten Gewand mit den langen, fließenden Haaren, wie Sieger Köder sie gemalt hat? Sicher eine, die zur engeren Gefolgschaft des Rabbi Jesus gehört hat. Ob sie es war, der Jesus sieben Abergeister ausgetrieben hat, oder ob sie vielleicht jene Frau war, die den Tischgenossen zum Ärgernis geworden ist, weil sie – als Dirne bekannt – Jesus die Füße gewaschen hat? Es mag sein, daß Maria von Magdala in ganz besonderer Weise Umkehr erlebt hat. In ihrer Zuwendung zu Jesus hat sie Heil erfahren. Darum wundert es uns eigentlich nicht, daß in der Komposition des Johannes-Berichtes gerade sie zur ersten Zeugin der Auferweckung wird.

Am Morgen nach dem Sabbat, wir haben sein erstes zartes Licht durch die Totenkammer des Grabes gesehen, beginnt das Mysterium, für das es nur Bilder gibt, es zu beschreiben. Und Johannes setzt in dem Bericht einen Akzent durch das Erscheinen der Engel: Auferweckung gehört zum Geheimnis Gottes, das ist ihre Botschaft. Aber Maria ist noch ganz verhaftet in ihrer Trauer und in die Vergeblichkeit ihres Versuches, den Toten noch einmal zu sehen. Der Bericht, Gestalt geworden in diesem Bild, faßt präzis den Augenblick der Wandlung von Trauer in Erkennen. Der Mann, den sie für den Gärtner gehalten, spricht sie an, ruft sie mit ihrem Namen: Maria! Aus dieser Bewegung von ihm zu ihr kommt die Antwort: Rabbuni! Das Erkennen liegt wie ein Licht über ihrem Gesicht und auf ihrer Hand. Denn ein Impuls läßt sie nach der Gestalt greifen, als wolle sie ihrer eigenen Wahrnehmung nicht trauen. Die Hand will fassen, was Auge und Ohr ihr mitteilen. Doch er, der neue Rabbi Jesus, zieht die Grenze. Eine andere, geheimnisvolle Begegnung hat angefangen, die nichts mehr zu tun hat mit menschlicher Berührung. Und in ihre Ratlosigkeit hinein spricht er ihr einen Auftrag zu: Künde den Jüngern! So wird sie aufstehen aus ihrer Trauer und die Erfahrung wie ein Licht austeilen.

Dieses Licht wird Hoffnung. Sieger Köder malt zwei Grabplatten, die durch das Geschehen der Auferweckung gesprengt worden sind. Das hebräische Adam (der erste Mensch) und Eva (Mutter des Lebendigen) stehen exemplarisch für das von Gott ferne Menschengeschlecht. Die Mauer der Trennung ist zerbrochen, Menschen haben Zugang zur Freiheit, Gott nimmt sich ihrer an in der Liebe seines Sohnes.

In dieser Befreiung sind alle künftigen Gräber einbezogen. Auf Grabsteinen, Grabkreuzen, Kriegsgräbern, Friedhofsmauern erwachsen Zeichen der Hoffnung. Rosen blühen, und das Morgenrot sprengt den Tod als unverrückbares Ende.

M. S.

Maria von Magdala am Grab
Jesus sagte zu ihr: »Maria« (Joh 20)

Im Bild der Geistsendung erinnert sich die Kirche an eine für sie wie für jede menschliche Institution gefährliche Wahrheit: Alle sind Geistliche (vgl. 1 Kor 12,13). Diese Wahrheit ist der Grund ihrer Einheit. Das Pfingstbild widerspricht einem starren hierarchischen Bild der Kirche. Die Kirche ist keine gleichgeschaltete Masse von Marionetten, die sich nur am Schnürchen offizieller Verlautbarungen bewegen. Die Kirche ist kein Volk von Untertanen, das blind seinen Führern gehorcht und folgt. Für die Kirche gilt: Alle, die sich um den lebendig gegenwärtigen, den gekreuzigten und auferweckten Jesus versammeln, sind Geistliche.

Der Jesus, der den Jüngerinnen und Jüngern seinen Geist gibt, ist derselbe, der den gewaltsamen Tod am Kreuz starb. Die Wunden an seinen Händen und an seiner Seite werden zum Bild dafür, daß der Gott Jesu die Henker nicht über die Opfer triumphieren läßt. Er sendet sie, wie er selbst gesandt war, den Himmel auf Erden zu erträumen und die Hölle auf Erden für überwindbar zu halten.

Das von Johannes gebrauchte Verb »hauchen« ist das gleiche wie in Genesis 2,7. Dadurch, daß Gott dem Menschen den Lebensatem einhaucht, wird der Mensch zu einem lebendigen Wesen. Hier legt Jesus den Jüngerinnen und Jüngern seine Hände auf, hier haucht er ihnen seinen Lebensatem, seinen Geist ein, damit sie aus der Verstrickung in die Sünde der Welt, aus der Verstrickung in Herrschaft und Unrecht befreit werden. Die Lahmen gehen, die Tauben hören, die Blinden sehen, die Toten stehen auf; alle, die handlungsunfähig waren, beginnen zu handeln. Dabei kommen die verschiedenen Charismen zum Zuge, die Gott mit der Schöpfung in ihr Herz gesenkt hat und die der Geist in ihnen entfaltet: Der eine dient mit seiner Gabe, Menschen zusammenzuführen und neue Gemeinden zu bilden (Apostel); die andere predigt das Evangelium so, daß Menschen in der Nachfolge Jesu bestärkt werden (Evangelistin). Wieder andere aktualisieren im jeweiligen gesellschaftlichen Kontext die Botschaft Jesu, um aufzurütteln (Propheten). Es gibt verschiedene Charismen, aber nur den einen Geist. Daher darf kein Charisma das andere beherrschen wollen.

Die Kirche gründet nicht im Willen des Pfarrers, des Bischofs oder in der Initiative des Papstes. Die Kirche ist nur zu erklären mit dem Ein-Fall des Geistes. Die Kirche entsteht auf geheimnisvolle Weise, weil der Geist Menschen findet, die wie Jesus den Himmel auf Erden erträumen und die Hölle auf Erden für überwindbar halten.

Aus dem Geist, »der vom Himmel herabkam« (Joh 1,32), wurde der Gott-Mensch geboren, der einzige Sohn des Vaters. Durch die Geistesgabe Jesu wird die Gemeinschaft neuer Menschen aus Juden, Griechen und Römern geboren. Es sind die Söhne und Töchter jenes Gottes, der will, daß alle das Leben haben. Mit ihnen beginnt das Reich Gottes. Die Neugeburt im Geist bewirkt Freiheit von aller Herrschaft. »Und wo der Geist des Herrn wirkt, da ist Freiheit« (2 Kor 3,18).

N. A.

Am Abend des Ostertages

Empfangt den Heiligen Geist! (Joh 20)

Johannes setzt diesem Kapitel eine Bemerkung voraus. Wir sollten sie wohl nicht überlesen, weil sie den Schlüssel zum Verständnis gibt: »Nun hat Jesus noch viele und andere Zeichen vor seinen Jüngern getan, die nicht in diesem Buche aufgeschrieben sind. Diese aber sind aufgeschrieben, damit ihr glaubend bleibt, daß Jesus der Messias ist, der Sohn Gottes. Und damit ihr als Glaubende Leben habt in seinem Namen« (Joh 20,33ff.).

In der hier gezeigten Szene werden sieben Zeugen, die meisten mit Namen, genannt. Die Einführung geht über das Alltägliche: Fischfang, noch ehe die Sonne aufgeht. In dieser Nacht vergeblich, nichts haben sie gefangen. Und da werden sie gerufen von einer Stimme, die zumindest Johannes zu erkennen glaubt: »Werft die Netze noch einmal aus!« Sie sollen erfahren, daß sein Wort Kraft hat. Und so geschieht es auch: schwer haben sie zu schleppen.

Der Beweis der Macht seines Wortes ist nur der Rahmen für das eigentliche Bild. Sieger Köder malt die Erfahrung der Jünger in einem hellen rötlichen Licht, das auf sie fällt. Einer will es genau wissen, was da vorgeht, und steigt aus dem Boot: Petrus. Er bleibt wie gebannt stehen im Widerschein des Lichts. Keiner wagt, die Erscheinung zu hinterfragen. Fisch auf dem Feuer und Brot für alle, eine Einladung zum Mahl. Eine der Ostergeschichten, die nur verständlich ist in der Deutung des Symbols. Zusammen essen, Tischgemeinschaft halten, war und ist eine Form der freundschaftlichen Begegnung. Jesus gibt dieses Erkennungszeichen für die zweifelnden und um Verstehen bemühten Freunde. Und so bleibt das Unsagbare der Begegnung eingefangen in einen Bericht, wie er auf uns überkommen ist: »Wir haben ihn gesehen und wir haben mit ihm gegessen.«

Der Maler legt den Akzent auf den vorderen Teil des Bildes. Ich sehe darin eine große, aufgebrochene Weizenähre, die ihre Frucht darbietet. Und es liegt nahe, an ein Wort zu denken, mit dem Jesus seinen Tod angedeutet hat: »Wenn das Weizenkorn nicht stirbt, bringt es keine Frucht.«

Für die Jünger hat es sich erfüllt. Die Begegnung mit dem, der durch den Tod ging, läßt sie eintreten in ein neues Leben.

Wir müssen auskommen ohne die Zeichen, von denen die Zeugen berichten. Das ist eine harte Anforderung an unseren Glauben. Es sei denn, wir nehmen seine Nähe wahr in so vielen Zeichen der Liebe. Für uns ereignet sich Ostern, wo wir glauben, lieben, hoffen, leben. *M. S.*

Ostermorgen am See
»Es ist der Herr« (Joh 21)

Viele kennen die Legende zu diesem Bild: Petrus wollte mit dem Kopf nach unten gekreuzigt werden und nicht wie sein Herr aufrecht am Kreuz sterben. Starb Petrus wirklich so? Wir wissen es nicht. Aber er starb den Märtyrertod, höchstwahrscheinlich in Rom und vielleicht dort, wo viele Christen das Leben für den anderen Gekreuzigten hingaben: in der riesigen Arena des Kolosseums. Sein Tod hatte viele Zuschauer. Ob sie speziell ihn gesehen haben? Vielleicht wurden noch andere mit ihm so gekreuzigt.

Sein Kreuz steht nicht auf einem Hügel, es steht tief unten, die Gaffer sehen hinab auf dieses grausame Spiel – zu Jesus mußten sie aufsehen. Und Petrus schaut noch tiefer hinab in den roten Sand der Arena. Blutrot ist dieser Sand, gerötet vom Blut wilder Tiere, die dort aufeinander gehetzt wurden, rot vom Blut derer, die sich bis in den Tod an dem aufrecht Gekreuzigten aufrichteten und ihn vor dem Kaiser, vor der Welt, nicht verleugneten. Benedikt XIV. hat diesen Bau der Passion Christi geweiht, und jedes Jahr betet der Nachfolger des Petrus am Karfreitagabend dort den Kreuzweg.

Sein Kreuz trägt eine Tafel. Wie bei Jesus ist darauf der Grund der Kreuzigung zu erkennen: Petrus Vicarius, Petrus der Vize, der Stellvertreter. Am See von Tiberias hat sich der Auferstandene den Aposteln geoffenbart, dort hat er zu Petrus gesagt: Weide meine Lämmer, weide meine Schafe. Dort hat Jesus ihn zu seinem Stellvertreter gemacht. Und wie Jesus mußte er den gleichen Tod, den Tod am Kreuz, erleiden.

Unter dem Kreuz die beiden Schlüssel – seit altersher wird Petrus mit diesen Schlüsseln abgebildet. Sie symbolisieren die Binde- und Lösegewalt des Stellvertreters auf Erden: Was du auf Erden binden wirst, wird auch im Himmel gebunden sein, was du auf Erden lösen wirst, wird auch im Himmel gelöst sein. Dem Vicarius wurde eine Macht übertragen, die niederdrückt, sein Gesicht ist beinahe am Boden.

Das Petruskreuz steht im Sand des Kolosseums. Dort zeichnet sich ein Grundriß ab. Bramante plante den heutigen Petersdom, Michelangelo konstruierte die riesige Kuppel über dem Petrusgrab. Im blutgetränkten Sand beginnt das Zentrum der Christenheit – ob die Verantwortlichen dort sich immer an die Anfänge zurückerinnern? *H. S.*

Petrus
Glasfenster Hohenberg
*Ein anderer wird dich binden und dich führen,
wohin du nicht willst (Joh 21)*

Ein ungewöhnliches Pfingstbild: Ein Bau entsteht. Der Maler wählt dafür zwei gegenläufige Formen wie bei einer Sanduhr. Von unten: der erste große Wurf. In den Gerüsten des Turms zu Babel sitzen Menschen im Dunkel. Sie bauen, aber ohne Beziehung zu Gott, und verlieren so bald die Beziehung zueinander. Von oben: der Gegenvorschlag. Der Dreh- und Angelpunkt in der Mitte: die Gemeinschaft der Jünger Jesu. »Sie beteten intensiv und waren ganz eins, zusammen mit den Frauen und Maria, der Mutter Jesu.« Sie beten um den Heiligen Geist, und er kommt über sie wie Feuer.

Wuchtig die Gestalt des Petrus. »Er stellte sich hin und erhob seine Stimme. So spricht Gott: Ich werde von meinem Geist ausgießen.« Nicht er und sein Amt stehen im Vordergrund, sondern allein: das Wort, das Evangelium. Gewiß ist auch er »der Fels«, auf den Christus baut; aber »der Grundstein« des Hauses »ist Jesus, der Christus« (1 Kor 3).

Nach oben wird das Haus »katholisch« im ursprünglichen Sinn dieses Wortes: offen für alle. Drei Zeugen des 20. Jahrhunderts verkünden prophetische Botschaften. Der evangelische Pastor und Märtyrer Dietrich Bonhoeffer mit der Bibel in der Hand: »Der Christ ist einer, der aus der Bibel lebt.« Er lebte und starb aus der Kraft dieses Wortes. Ein leidenschaftlicher Kämpfer für die Ökumene: der Patriarch Athenagoras. Mit der Osterkerze verkündet er den »Auferstandenen«. Mit seinem »Bruder Paul VI.« besprach er mehrmals »die Einheit durch Vielfalt«. Als Dritter im Bunde: Papst Johannes XXIII. Sein Markenzeichen: herzlichste Zuwendung zu allen und das Öffnen der Fenster der Kirche zur Welt hin, damit vor allem der Geist Gottes in sie einströme. »Im Haus meines Vaters sind viele Wohnungen«, sagt Jesus; aber alle Bewohner verbindet »ein und derselbe Geist« (1 Kor 12).

Pfingsten ereignet sich immer, auch in unseren Tagen. Die obere Etage macht Mut: Gott spricht auch und gerade durch junge Menschen! Sie bauen das Haus der Kirche weiter – in ihrem Bekenntnis zu Christus in der Öffentlichkeit, mit ihrem Eintreten für Frieden und Gerechtigkeit. Mit Überwindung aller Ausländer- und Rassen-Vorurteile. Und einer hat richtig Spaß an der Kirche: Mit seinem Weihrauchfaß macht er Dampf in einem Haus, in dem es nicht immer nach dem Geist Gottes »riecht«. Das wichtigste Fenster aber ist für den Maler das oberste, noch leere. Hier hört das Bild auf, und die Zukunft beginnt: Wer werden die nächsten »Kirchenhaus-Instandbesetzer« sein? Wir brauchen nicht zu bangen, wenn wir mit Johannes XXIII. beten: »Komm, Heiliger Geist! Erneuere auch in unserer Zeit dein Pfingstwunder.« *T. S.*

Pfingsten
Ich werde von meinem Geist ausgießen (Apg 2)

Das Bild ist ein Ausschnitt aus der mittleren Tafel der österlichen Bildfront im Wasseralfinger Altar. Von der Komposition der Gesamttafel sind Ostern und Pfingsten ein zusammengehörendes Ereignis. Ganz eingetaucht in das Rot des Heiligen Geistes erkennt man den Apostolischen Palast in Rom. Die Fenster des päpstlichen Arbeitszimmers sind weit geöffnet. Johannes XXIII. war es, der mit dem Symbol der Fensteröffnung das Jahrhundertereignis des Zweiten Vatikanischen Konzils (1962–1965) erklärte: Frische Luft muß herein in das alte Gemäuer der Kirche! Die Kirche von heute darf sich nicht abkapseln von der Welt, sie muß sich weit öffnen für die Zeichen der Zeit, durch die Gott zu den Menschen spricht. »Freude und Hoffnung, Trauer und Angst der Menschen von heute, besonders der Armen und Bedrängten aller Art, sind auch Freude und Hoffnung, Trauer und Angst der Jünger Christi« (Gaudium et spes 1).

Das »Ereignis Konzil« hat den Maler während des Theologiestudiums (1965–1970) stark beschäftigt. Der Geist des damaligen Aufbruchs, das »neue Pfingsten« des Konzilspapstes beseelte die Theologengemeinschaft im Wilhelmsstift in Tübingen. Über die theologischen Lehrer waren die Studenten direkt an das Konzil angeschlossen.

Das zweite Pfingstereignis auf unserer Tafel ist die Bekehrung des Saulus vor Damaskus. Das Licht aus der Höhe trifft ihn wie ein Blitz. Er stürzt geblendet vom Pferd. Wie Schuppen fällt es ihm von den Augen, als er die Stimme hört: »Saul, Saul, warum verfolgst du mich?« und auf die Frage: »Wer bist du, Herr?« die Antwort bekommt: »Ich bin Jesus, den du verfolgst« (Apg 9,4ff.).

Das Pferd schaut nach oben. Es sieht die Welt, erkennt sie aber nicht. Saulus stürzt zu Boden und blickt von unten herauf – in dieser veränderten Perspektive, aus der Sicht der kleinen, verfolgten und mißhandelten Menschen, gehen ihm die Augen auf. Jetzt, wo er selbst im Staub liegt, kann er den erkennen, der ihn ruft. Seine linke Hand ist erhoben, um das blendende Licht abzuwehren oder um besser hören zu können.

Aus diesem Saulus wird ein Paulus, aus dem, der in blindem Eifer die Anhänger des neuen Weges verfolgt hat, wird jener Bote des Evangeliums, der nicht ruht, bis er die Botschaft vom auferstandenen und erhöhten Kyrios in die Weltstadt Rom bringen kann. Dort, im Zentrum der Weltkirche, möge Gottes Geist auch heute kräftig wehen ...!

Auf Sieger Köders Bild hört man sein Brausen. *H. N.*

Saulus stürzt vom Pferd
Wasseralfinger Altar

Licht und leicht schwebt ein heller Streifen über einem Gesicht, das wie eine aufgehende Blüte in Blätter gebettet aus runden zellenartigen Gebilden hervorwächst. Alles ist getragen von einem erdfarbigen Netz, in dem sich das Licht wie helle Perlen fängt, darunter liegt erdige Tiefe, die leuchtende Gebilde wie kristallene Blüten birgt. Licht – ruach elohim, Geist Gottes – dringt in das Chaos der Welt!

Da ordnet es sich zum Mikrokosmos der Atome, verdichtet sich zu molekularen Strukturen, springt aus kristallenen Kuben hinüber in die weiche Lebendigkeit pflanzenhafter Zellen, dringt meerfarben in die Gestalt von Blättern und Blüten und begrünt als lebendiger Kranz die durch die letzten Schichten nur angedeutete unauslotbare Tiefe. Der Creator Spiritus, der Schöpfer-Geist, dringt in die Tiefe der Welt und führt das Leben ans Licht.

Und die Welt erblickt das Licht im Antlitz des Menschen. Die ersten Rosen sind erwacht, und das menschliche Gesicht der Welt liegt im lichten Schlummer des frühen Schöpfungsmorgens. Noch sind die Augen geschlossen, aber die leicht geöffneten Lippen atmen schon den Hauch des Geistes, der sie gebildet hat: »Im Dunkeln bin ich gebildet, kunstvoll gewirkt in Erdentiefen« (Ps 139,15).

Im Menschen kommt die Welt zu sich selbst. Das Leben steigt vom göttlichen Geist erweckt aus dem Schoß der Erde herauf, wächst durch Gestein und Kristall in Blättern und Blüten, in die Vielgestaltigkeit des Lebendigen und sammelt sich im Menschen. Darum erkennt die Welt nur, wer den Menschen kennt – und wohl auch so: Wer die Geschichte des Lebens begreift, weiß wer der Mensch ist. Beide Sehweisen bedingen sich gegenseitig. Sie ermöglichen die Erfahrung des Schöpfers, der »das, was nicht ist, ruft, damit es sei« (Röm 4,17).

H. L.

Schöpfung
Glasfenster Heilig Geist, Ellwangen
Auch die Schöpfung soll befreit werden zur Freiheit und Herrlichkeit (Röm 8)

Unser Bild ist ein Ausschnitt aus der ersten Tafel der weihnachtlichen Bilderfront des Wasseralfinger Altars. Ein alter, morsch gewordener Stamm, aus dem eine Passionsblume herauswächst – Symbol adventlicher Verheißung und österlicher Erfüllung.

Im Stammbaum Jesu ist Isai als Vater des Königs David genannt. Der Messias selber, der leiden muß (vgl. die Passionsblume, deren Einzelteile mit den Marterwerkzeugen Christi verglichen werden), wird als »Reis aus dem Wurzelstock Isais« gezeichnet. In die alte Hoffnung, die auf dem Stamm Davids ruht, die aber wie der morsche Baumstamm auf dem Bild beinahe erstorben ist, kommt neue Kraft von oben – das Licht aus der Höhe. In den vier nebeneinanderliegenden Tafeln der weihnachtlichen Bildfront ist es zuerst die Passionsblume, dann die Christrose (vgl. Bild S. 103), gefolgt von einer Wintersonne und schließlich die Sonne in Kreuzform (vgl. Bild S. 41). Jedesmal Symbol für Christus, jenes Licht, das in der Finsternis leuchtet, damit sie es ergreife.

Sieger Köder hat das Motiv der Wurzel Jesse öfter gemalt. Am bekanntesten ist die »Synodenrose« (vgl. Bild S. 87) zur Rottenburger Diözesansynode 1984/85).

Daß aus Zerfall und Untergang Neues erwächst, ist ein wichtiges Motiv biblischer Theologie: »Das Alte ist vergangen, Neues ist geworden« (2 Kor 5,17). Weihnachten ist die Besinnung auf die großen Epochen der Heilsgeschichte, in denen Gott wirkt und wo er auf viele krumme Zeilen von Menschentaten und Menschenuntaten die geraden Buchstaben seines Heiles setzt. Auch im Stammbaum Jesu, dessen Theologie unser Bild zuzuordnen ist, sind fehlerhafte Menschen nicht ausgelassen. Sündige Menschen gehören ins Evangelium, weil Gott die Menschheit annimmt, wie sie ist, und nicht, wie sie sein soll.

Zwei Richtungen bestimmen unser Bild: Der morsche Baumstamm zieht nach unten, der offene Schlund in der Mitte macht Angst – dagegen aufwärts strebend die Blume, die aus der Tiefe ins Licht wächst.

Zwei Farben symbolisieren das Zusammenspiel von Gott und Mensch: das Braun der Erde als Farbe des Menschen, der der Erde verhaftet ist, dazu das Blau aus der Höhe, die Farbe der sich herabneigenden Gnade Gottes.

Gottes gnädige Zuwendung zum Menschen ist es, was neues Leben schafft. Aus der Nacht blüht eine neue Verheißung. *H. N.*

Wurzel Jesse
Wasseralfinger Altar
Kommen wird der Sproß
aus der Wurzel (Röm 15)

Da sind sie nun alle versammelt – in einem Boot. Die vier Gestalten aus der italienischen Komödie, der Commedia dell'arte: Harlekin, Domino, Pierrot und Columbine sitzen enggedrängt im Narrenschiff. Columbine legt nachdenklich mit liebender Geste ihre Hand um den Laute spielenden Pierrot. Harlekin – auch nur ein Teil des Narren – hält sich ängstlich am Bootsrand fest und blickt ins ruhige Wasser. Domino treibt den Kahn an und lenkt ihn über den Strom des Lebens.

Das Bild »Narrenschiff« von Sieger Köder hat einen ganz konkreten Anlaß: In Tübingen gibt es Stocherkähne auf dem Neckar, und die Theologenverbindung hatte ihr »Herzele«. Auch der etwas ältere Student SK steigt in den Nachen und so bleibt dies Bild für ihn eine Erinnerung an sein Theologiestudium in Tübingen. Aber nun ist es die Sophie, die Sophia als Weisheit – genau das Gegenteil der Narretei –, die über das Wasser gleitet. Doch Narren sind sie allemal vergleichbar, die Erstsemestrigen, die ihre Suche, ihr Theologiestudium beginnen. Sie stochern in den für sie trüben Wassern der Wissenschaft, unsicher, verspielt, forschend und fragend, voll Eifer, aber noch wenig begreifend und erfassend.

Zunächst ist es wohl das Dunkle und Unbegreifliche, die Fremdheit historischer, philosophischer und theologischer Aussagen und Lehren, die verunsichern. Aber sie werden ja getragen durch den Kahn der Weisheit. Dies ist ihre Zuversicht und Hoffnung. Auf das Wagnis haben sie sich eingelassen. Die Stocherkahnfahrt auf dem Neckar wird zum Symbol und Gleichnis für das Theologiestudium wie für das Leben allgemein. Jeder Mensch macht sich auf die Suche nach dem Sinn seines Lebens und fragt in vielen »Wissenschaften« und Anschauungen nach Weisheit und Sicherheit. Und oft gehen die Fragen ins Dunkle und Verborgene, häufig zeigen sich eben keine klaren und eindeutigen Antworten. In das Dunkel zu fahren ist mit Angst beladen, ist ein Schritt ins Ungewisse.

Trotz allem Düstern aber strahlt das Bild doch Ruhe und Festigkeit aus, denn Zuversicht und Hoffnung zu haben im Dunkel der Welt ist nicht unvernünftig, ist nicht Narretei. Der Glaube und das Vertrauen geben uns die Gelassenheit und Festigkeit, die wir notwendig brauchen bei unserem Suchen und »Stochern«.

Wohl dem, der Vertrauen haben und sich fallen lassen kann. Wohl dem, der nicht durch die Weisheit der Welt Erlösung erhofft. Bei Gott sind die Dinge eben nicht so, wie die Welt sie kennt und einschätzt. Hat nicht Gott die Weisheit der Welt zur Torheit gemacht? *P. R.*

Narrenschiff
Hat nicht Gott die Weisheit der Welt
zur Torheit gemacht? (1 Kor 1)

Ein Leben lang hat er die Welt auf den Kopf gestellt, nun steht er selbst auf dem Kopf. Aber noch ist der Lichtkegel des Scheinwerfers auf ihn gerichtet: Er zeigt ihn in der Mitte der Arena, aufgerichtet an einem Kreuz. Der Schauspieler ist zum Schauspiel geworden, darüber der Menge das Lachen vergehen muß.

Der Maler spielt sein großes Thema – das Leben der Harlekine, Clowns und Narren – in die Welt der Bibel hinüber. Im Clown steckt der Apostel, im Harlekin der Verkünder des Evangeliums, im Narren der Zeuge der Wahrheit. Zusammengehalten wird diese virtuose Gedankenassoziation durch zwei weit auseinanderliegende und doch zusammengehörige Klammern: der Erinnerung an das Martyrium des Petrus und ein Selbstzeugnis des Paulus. In ihm präsentiert sich der Apostelfürst selbst als Narr um Christi willen und drückt so die merkwürdigste Erfahrung aus, die er in seinem Kampf für das Evangelium machen mußte. Er hat die frohe Botschaft hinausgetragen in die antike Welt, er stand auf den öffentlichen Plätzen ihrer Städte. Erst als er das damalige Machtzentrum, die Hauptstadt Rom, erreichte, sah er seinen Auftrag als erfüllt an. Ein unruhiges und bewegtes Leben, ein einziger Siegeszug für das Evangelium – und doch wurde er dabei zum Gespött der Leute, mußte er ihr Gelächter ertragen, Schmach und Verfolgung auf sich nehmen. Nur im Mißerfolg hatte er Erfolg, nur in der Schwachheit war er stark. Im Schauspiel seiner Niederlagen gab er sein Zeugnis für die Wahrheit.

Eine späte Nachricht der apokryphen Tradition aufgreifend, verlegt der Maler den Tod seines Narren an einen symbolischen Ort: in das Kolosseum, in dem die Christenheit noch heute ihrer Märtyrer gedenkt. An dem Ort, an dem die römischen Herrscher ihrem Volk Brot und Spiele gaben, um sie über den wahren Zustand des Staatswesens zu täuschen, gibt der Apostel sein letztes Schauspiel. Wo sonst die Feste der Lüge stattfinden und die Menschen in das süße Reich eines illusionären Scheins entführen, sehen sie sich nun mit dem Zeugnis des Apostels konfrontiert, das die Wahrheit aufdeckt. Die Führung des Lichtkegels und das Rot-Weiß-Kontrastspiel der Farben deuten an: Die Menge verfolgt auch dieses Schauspiel gebannt, ja hingerissen; aber sie applaudiert aus der Ferne, weiß sich sicher in der großen Zahl. Nachfolge Jesu – das ist nicht die Initialzündung einer Massenbewegung. Schon immer waren es einzelne und wenige, die als Schauspieler Gottes den Schutzzaun durchbrachen. Ihr Zeugnis hält jedoch die Frage lebendig, die der Betrachter des Bildes aus dem Gesicht des für seinen Herrn zum Narren gewordenen Apostels herauslesen kann: ob er selbst Zuschauer oder Mitspieler im großen Theaterstück des Lebens sein will, auf dem das Evangelium der Wahrheit und der Liebe Gottes zur Darstellung kommen soll. *E. S.*

Wir sind zum Schauspiel geworden
für die Welt (1 Kor 4)

Der Apostel Paulus sitzt an einer hölzernen Tischplatte und schreibt einen Brief. Die Mühen des Missionars sind seinem Gesicht eingegraben. Alle Not, die er mit seiner Gemeinde in Korinth hat, ist ihm gegenwärtig. Es ist eine vom Geist reich beschenkte Gemeinde: der Gnadengaben sind viele. Aber die Menschen vergessen über den Gaben den Geber zu schnell. Darum schreibt er nun. Und vor seinem inneren Auge sieht er die laute, bunte und berüchtigte Hafenstadt Korinth.

Auf dem Meer vor den dichtgedrängten Häusern der antiken Stadt liegen die Schiffe. Paulus ist auf einem von ihnen von Kleinasien kommend nach Korinth gelangt. Nun gelangt auf dieselbe Weise sein Brief dorthin. Er sieht sie vor sich, die zwei Männer, wie sie die Worte lesen, die er eben geschrieben hat: »Alles das aber wirkt ein und derselbe Geist.« Sie lesen miteinander, aber sie lesen den Brief bereits aus einem Buch. Sehr früh hat man in den Gemeinden begonnen, die Briefe des Apostels zu sammeln und weiterzugeben. Die Christen hören in ihnen die apostolische Verkündigung des Evangeliums. So bedürfen die Briefe der Auslegung: einer, der die Gabe der Lehre empfangen hat, erschließt sie anderen in der Predigt. Sein Wort erreicht die Gemeinde und dringt über sie hinaus: zwei Alte hören nachdenklich zu, und ein Junger lauscht den Worten nach – neben einer gestürzten Säule sitzend. Das Wort des Apostels hat die antike Kultur überdauert. Seine Botschaft von Christus, dem Gekreuzigten, reicht von der Antike bis in unsere Zeit. Sein ganzer apostolischer Dienst steht in diesem Zeichen, das in der Mitte des Bildes schwebt. Das Wort des Apostels wird gelesen und gehört auch in der Welt, die durch Fabrikhallen, Baukrane und Container gekennzeichnet ist. Auch hier gibt es »Unterschiede in den Gaben, aber nur einen Geist!« Das verzückte Rufen der Urchristenheit ist umgesetzt in das hingegebene Musizieren, worin andere, die es hören, sich selbst ausgesprochen finden. Mag sein, daß es uns so vorkommt, als habe ihnen das alles den Kopf verdreht. Aber es gibt auch heute das in sich versunkene Schweigen. Es ist nicht Abwendung von der Welt, sondern Hinwendung zum Menschen. Die urchristlichen Gaben der Hilfeleistung und Heilung sind lebendig in der Pflege der Kranken. Und die Pflegerin, die den weiß verbundenen Kranken stützt, scheint dem schreibenden Apostel über die Schulter zu sehen. Nicht von ungefähr haben die Menschen des Mittelalters ihre Spitäler und die damit verbundenen Schankstuben »Zum Heiligen Geist« genannt. Er heilt, was verwundet ist; wärmt, was erkaltet ist und macht das Verhärtete wieder biegsam und lebendig. *H. L.*

Paulus schreibt nach Korinth
Glasfenster Heilig Geist, Ellwangen
Es gibt verschiedene Gnadengaben,
aber nur den einen Geist (1 Kor 12)

Eine prachtvolle Szene! Vor der vergoldeten Apsis der Hagia Sophia, der – später erbauten – byzantinischen Kirche zur Heiligen Weisheit, sind die Väter des Konzils von Konstantinopel zu feierlicher Sitzung versammelt. In ihrer Mitte ein Buchthron: auf purpurnem Tuch ein kostbarer Buchständer mit einem geöffneten Buch. Hier steht das Bekenntnis der Kirche zum Heiligen Geist: »... und an den Heiligen Geist, den Herrn und Lebensspender, der aus dem Vater hervorgeht.« Die Vertreter der römischen Kirche halten ihren Zusatz, das Filioque – »und dem Sohne« – schon in Händen. Es ist das Bekenntnis zu dem »einen Gott«, der sich in drei Personen offenbart. Von den Bischöfen der ganzen Kirche feierlich bekannt; von den Mönchen gefeiert, von den Predigern verkündet, von den Gelehrten immer neu bedacht und gedeutet. Ein Glaube, der auch bezweifelt, bekämpft und abgelehnt wurde. Ein Glaube, in dessen Namen Menschen verfolgt, gequält und verbrannt wurden. Die Feierlichkeit ist nicht nur wunderschön prächtig, sie kann auch bedrohlich prächtig sein.

Hoch in der goldenen Apsis die Hand Gottes, darunter die Sedes Sapientiae – der Thron der Weisheit. Maria hält ihren Sohn auf dem Schoß. Doch ist es nicht das Bild der Mutter mit dem Kind, sondern das Kind als der göttliche Lehrer mit der Buchrolle in der Linken und segnend erhobener Rechten thront auf dem Schoß der Mutter. Die geoffenbarte göttliche Wahrheit wird von der Kirche ins Bekenntnis des Glaubens gefaßt. Sie steigt aus der Hand des Vaters vom Thron der Weisheit herab in das geisterfüllte Wort des Glaubens, das von der Breite der Kirche gehört und gesprochen wird.

Es ist die zeitlos scheinende, prächtige Seite der Wirklichkeit des Geistes. Sie ist nötig, damit die Wahrheit in Worte gefaßt und weitergegeben werden kann. Doch seine Lebendigkeit entfaltet sich erst im Vollzug dessen, was der Mund ausspricht. Wird er nicht aus dem goldenen Gehäuse des Buchstabens entbunden, bleibt alles in der Kälte und Starrheit, die dem Wesen des Geistes widerspricht; denn er ist der, der lebendig macht. *H. L.*

Das Glaubensbekenntnis
Glasfenster Heilig Geist, Ellwangen
Die Gnade Jesu Christi, die Liebe Gottes
und die Gemeinschaft des Heiligen Geistes (2 Kor 13)

Aggiornamento hieß das Losungswort, mit dem Johannes XXIII. das Zweite Vaticanum inspirierte. Keine plumpe Anpassung, sondern ein Auf-den-Tag-Bringen, also so sprechen, daß Menschen von heute im Innersten ergriffen werden. Die alte Botschaft will heute neu gehört werden, sonst bringt sie keine Frucht.

Dazu begibt sich der Papst herunter von seiner Palastwohnung. Dort oben läßt er das Fenster offen, damit Gottes guter Geist hinein- und herauswehen kann. Er selbst sucht das Gespräch mit dem Lehrer, gerade auch mit dem verketzerten Teilhard de Chardin. Der Hirte ist auf einer Ebene mit dem Wissenschaftler.

Beide haben einen Stein: der Papst den roten Rubin; Teilhard hat jenen Stein in der Hand, aus dem er als Paläontologe soviel Leben herauslas. Der nachdenkliche Papst, der nicht auf alles eine Antwort weiß, lauscht, hört und schaut wie Josef auf dem Kapitell von Autun. Dessen alttestamentlicher Namensvetter bewog den Papst einmal zum Ausruf: »Ich bin Josef, euer Bruder!« Brüderliche Verbundenheit, nicht autoritäres Herrschen.

Ist das Rot seiner Gewandung und das des Steines nicht ein Symbol seiner Liebe, die ihn so sympathisch machte? Hat nicht die Kirche in jener Zeit soviel Ansehen gewonnen, soviel Hoffnung geweckt, daß selbst Kirchenkritiker mit Bewunderung auf diesen Papst schauten?

Ein neues Pfingsten brach mit ihm an, und am Pfingstmontag 1963 starb der gute Papst Johannes. Spüren wir nicht den Ruf, in seinem Geist zu bleiben und aus ihm zu leben?

Kirche möchte liebenswürdig sein und im Gespräch mit allen bleiben, für die sie dasein will. Deshalb sind auch die Hirten auf die Lehrer angewiesen. Wer um die Einheit besorgt ist, braucht die Erkenntnisse des Forschers, weil der Geist immer zu neuen Ufern ruft, sonst erstarrt Einheit in Uniformität.

Einheit will und bejaht Verschiedenheit: »Die einen sind Apostel, andere Propheten, wieder andere Evangelisten, Hirten oder Lehrer« (Eph 4,11). Das Haupt des Leibes ist Christus, darum sind alle anderen Geschwister.

Die Türen und Fenster, die Johannes XXIII. geöffnet hat, sind nicht mehr zu schließen, nur unter Verlust des wehenden Pfingstgeistes, der löst, was erstarrt ist, beugt, was verhärtet ist, wärmt, was erkaltet ist. »Komm, Heiliger Geist!« *W. G.*

Das offene Fenster

Andere zu Hirten und Lehrern (Eph 4)

Sonnenuhr, Stundenglas, Chronometer – heute müßte man die digitale Uhr noch beifügen – messen die Zeit und zeigen die Stunden an. Wir sind der Zeit unterworfen. Alles hat seine Zeit, sagt der Prophet Kohelet. Niemand kann sich der Zeit entziehen.

Wir werden in eine bestimmte Zeit hineingeboren. Wir konnten uns das Jahrhundert nicht auswählen. Die Karte mit meinem Porträt liegt auf dem Tisch. Wir werden nicht in die Geschichte eingehen wie Kaiser, Päpste oder Bischöfe. Keiner aber wird eine weiße Karte, ein unbeschriebenes Blatt, bleiben.

Wir sollen die Zeit auskaufen, rät Paulus den Christen. Leidenschaftliche für Gott und die Welt haben das getan: Ordensgründer wie Franziskus und Ignatius, der Reformator Luther. Nicht nur die großen Namen, auch wir haben der Welt einen Stempel aufgedrückt. Jeder hinterläßt (s)eine Spur. Im Kartenstoß bin ich.

Die Zeit ist vorangeschritten. Seit dem Kommen Christi ist End-Zeit. Wachsamkeit soll das Leben derer kennzeichnen, welche wie die klugen Jungfrauen die Heimkehr des Bräutigams erwarten.

Ist das Welttheater ein Spiel? Steht man im Glücksrad einmal unten und dann wieder oben? Wer gewinnt in diesem Konkurrenzkampf um Einfluß und Macht?

Meine Lebenszeit rinnt wie der Sand im Stundenglas. Wieviel von meiner Lebenszeit ist abgelaufen? Verstehe ich die Zeichen der Zeit, die sich in den Zahlen des Zifferblattes verbergen? *H. F.*

Kirchengeschichte
Sehet zu, daß ihr als Weise
die Zeit auskauft (Eph 5)

Menschen drängen sich an Jesus,
Männer und Frauen.
Sie sind gefesselt
und Jesus mit ihnen.
Ist das unser Glaubensbekenntnis?
Wir suchen Jesus bei den Reichen, den Vornehmen,
in kostbaren Kirchen,
bei der richtigen Partei.
Jesus aber hat die Partei der Armen gewählt,
das ist uns peinlich,
und nicht zum Vorzeigen.
In der Schrift lesen wir,
daß Jesus mit den Armen umging,
mit Ausgegrenzten.
»Er nahm Knechtsgestalt an.«
Jesus scheute sich nicht,
dem Menschen nahe zu sein,
auch im Geruch der Armut.
Jesus war von Zuneigung zu den Menschen erfüllt,
zu allen, den Ausgestoßenen
und Reichen.
Menschen drängen sich an Jesus,
Frauen und Männer.
Sie sind gefesselt
und er mit ihnen.

W. H.

Philipperhymnus
Er nahm Knechtsgestalt an
und den Menschen ähnlich (Phil 2)

Ein Schriftstück in griechischer Sprache – wie zufällig an Land geworfen. Sind es die Gestade von Pontus oder Bithynien am Schwarzen Meer oder Asia an der Ägäis, in deren Hinterland Galatien und Kappadozien liegen?

Das Boot, die Netze und die Fischerhütten lassen an die Berufungsgeschichte denken: Sie waren Fischer, die ersten Jünger, auch Simon, genannt Petrus. Wir lesen seinen Namen in griechischen Buchstaben im Zentrum des Bildes: Πέτρος. Er und sein Bruder Andreas wurden am See von Galiläa von Jesus angesprochen: »Kommt her, folgt mir nach! ... Sofort ließen sie ihre Netze liegen und folgten ihm« (Mk 1,17 f.). Das scheint unser Bild zu zeigen: alles zurückgelassen.

Und das Schriftstück? Der griechische Text, »Πέτρος ἀπόστολος Ἰησοῦ Χριστοῦ« Petrus, Apostel Jesu Christi«, stellt uns den sogenannten Ersten Petrusbrief vor Augen, die ersten beiden Verse. Sie nennen einen Absender: Petrus, einen Adressaten: »die Auserwählten, die als Fremde in Pontus, Galatien, Kappadozien, der Provinz Asien und Bithynien in der Zerstreuung leben«, und einen Wunsch für sie: »Gnade sei mit euch und Friede in Fülle.«

Das Schriftstück liegt da wie angespültes Strandgut: Der wirkliche Verfasser ist unbekannt, und der Adressat nicht genau bestimmt: Es ist ein fiktiv gefaßtes Rundschreiben, wohl an ganz Kleinasien gerichtet. Aber Petrus, der Fels, sein Name gibt ihm Gewicht und Siegel. Das Schreiben reklamiert apostolische Herkunft und Autorität für sich. Der Verfasser der zweiten oder dritten Generation rückt es in den Rang von Dokumenten aus der Ursprungszeit, um seine Beachtung zu sichern: Der Brief soll noch die frische Luft der ursprünglichen Verkündigung Jesu, seiner Ohren- und Augenzeugen atmen: Gerade haben sie seinen Ruf gehört, haben alles stehen und liegen lassen und sind ihm gefolgt. Schon in den ersten beiden Versen klingen wichtige Punkte des folgenden an: Die Schrift wendet sich an die »Erwählten, die als Fremde ... in der Zerstreuung leben«. Dies beschreibt und deutet: Erwählung meint den neuen Zustand, in dem sich die Christen seit der Taufe wissen und der ihnen Heil und Leben bedeutet. Es ist die Alltagssituation der frühen Kirche, daß die Christen durch ein verändertes Leben in Distanz zu ihrer Umgebung und auch in Konflikt mit ihr geraten; nicht nur gegenüber staatlichen Behörden, sondern den Mitmenschen der jeweiligen Umgebung gegenüber. Diese sind verwundert, verärgert über die Ablehnung des gemeinsamen Lebensstils durch die Christen, die Fremdlinge sind, Nicht-Angepaßte, deren Hoffnung den allgemeinen Lebenshorizont überschreitet: Sie leben in einem durch Glaube und Taufe neu gewonnenen Verhältnis zu Gott. Er hat sich durch Jesu Hingabe am Kreuz mit den Menschen versöhnt: Gnade und Friede in Fülle! Sie haben die geschenkte Versöhnung angenommen und sind in die dadurch begründete neue Gemeinschaft eingetreten. *C. S.*

Petrus-Siegel
Simon Petrus, Knecht und
Apostel Jesu Christi, an alle (1 Petr 1)

Der, welcher Alpha und Omega ist, erster und letzter Buchstabe des griechischen Alphabets, umschließt in sich alles, was wir mit Worten benennen können. Alles, was war, ist und sein wird, kommt aus seinen Schöpferhänden. Nichts geschieht in der Welt und in ihrer Geschichte, was ihm aus der Hand gleiten könnte. – Das ist die Trostbotschaft, die der Seher auf Patmos seinen Gemeinden zu überbringen hat. Der Glaube daran kann sie immer aufrichten, auch jetzt, wenn sie vor der großen Bedrängnis stehen.

Er ist Alpha und Omega in der Welt. Aber er geht in ihr nicht auf. Der, dessen Position umschrieben wird mit »›Der-ist‹ und ›Der-war‹ und ›Der-kommt‹«, sprengt unsere Dimensionen von Raum und Zeit. Er tritt aus der Ewigkeit heraus, die grundsätzlich anders ist als alles das, dessen wir in unserem raumzeitlichen Erleben ansichtig werden. Deswegen können wir nicht mehr ausdrücken, was denn das Ewige sei. Wir können nur noch darauf deuten.

Wie dies malen? Unser Bild kommt aus der unergründlichen Ferne des Blau. Es wird zum Weiß, das alle Farben des Spektrums in sich schließt. Weiß wie das Licht eines gleißenden Sonnenmittags, in das wir nicht hineinsehen können. Zu dem, was Licht an sich ist, bleibt uns der Zugang verschlossen. Es wird schwarz. Nicht weil das Licht fehlt, sondern weil seine Überfülle blendet. Indes: Aus diesem Lichtgeschehen tritt das schönste Selbstbildnis heraus, das Gott sich gab, »Abglanz seiner Herrlichkeit und Abbild seines Wesens« (Hebr 1,3). Aber dieses Bildnis Gottes haben wir Menschen zerschlagen und zerbrochen.

Wenn wir in dieser Welt und in ihrer Geschichte nun auf den unsichtbaren Gott sehen wollen, werden wir immer zuerst ihn vor Augen haben, der in den Tod hineinging wie ein Lamm, das geschlachtet wurde (Offb 5,6). Vielleicht daß der von uns verursachte Riß erst den Blick freigibt auf ein zutreffendes Bild von Gott. Denn so hätten wir uns Gott nie ausgedacht.

Wenn umgekehrt Gott auf uns Menschen sieht, dann bemerkt er ihn als ersten Menschen. Durch den Sohn hindurch wendet sich der Blick uns allen zu. In ihm nimmt er den Menschen wahr, wie er ihn sich gedacht hat, als er ihn »männlich und weiblich« schuf »als sein Abbild« (Gen 1,27).

Der Seher, der seinen Gemeinden schreibt, er sei ihr »Bruder«, steht zwischen dem ewigen Urgrund und der Gegenwart. Die Stimme, die er hört, wird in seinem Rücken laut. Erst als er sich umdreht, sieht er das Geschehen im Himmel. Es liegt nicht in seiner gewohnten Perspektive, auch in seiner nicht. Vor Augen hat er den Gekreuzigten und das Geschick des Menschen. Doch zwischen Alpha und Omega stehen auch wir. Wenn wir uns dazu bekennen, dann sind wir mitten in seiner Hand geborgen. Wir erfahren dann, daß wir von seiner unergründlichen Art sind und nehmen zugleich seine Farbe an. *E. St.*

Ich bin das Alpha
und das Omega (Offb 1)

Die Erlösten kommen aus allen Stämmen Israels,
aus den Stämmen Juda, Ruben, Gad,
aus den Stämmen Ascher, Neftali, Manasse, Simeon,
aus den Stämmen Levi, Issachar, Sebulon, Josef und Benjamin.
Edith, du bist eine, die ihr Haupt vor Baal nicht gebeugt hat.
Du mußtest sterben mit den vielen, für die sich niemand einsetzte.
Im kultivierten Abendland wurden Menschen entehrt, geschändet,
von ihren Wurzeln abgeschnitten,
nur weil sie Juden waren.
Die Maschinerie der Bosheit lief wie ein Blitz:
Verhetzt, überfallen, eingeschlossen hinter Stacheldraht,
zu Tode gejagt, aller Kleider beraubt,
wie Ungeziefer vergast.
Kein Protest erhob sich weltweit für die Juden in Deutschland,
in Polen, Frankreich, in Rußland, Rumänien und anderswo.
Unter den Horden der Nazis bangte jeder für sein eigenes Leben.
Die »Fremden« waren lebensunwert, nicht arisch, Untermenschen.
Auch Christinnen und Christen schauten weg,
als dein Volk, Edith, verschleppt wurde.
Du, mitten in deinem jüdischen Volk Ermordete,
stehst auf dem goldenen, siebenarmigen Leuchter deines Volkes.
Von ihm sagtest du: »Für die Leuchten des Himmels
steht der siebenarmige Leuchter im Zelt ...
Wie die Erde dem Menschen übergeben wurde,
so steht im Heiligtum der Hohepriester, der gesalbt wurde,
zu wirken und zu dienen vor Gott.«
Und von Mose, der Leuchte Israels, sprachst du:
»Die vollendete Wohnung segnete und salbte, und heiligte Mose,
wie der Herr am siebenten Tag das Werk seiner Hände
gesegnet und geheiligt hat.
Ein Zeugnis Gottes auf Erden sollte seine Wohnung sein,
wie Himmel und Erde seine Zeugen sind.« (Gebet der Kirche)
Du, Edith, starbst in der Shoah,
inmitten deiner jüdischen Schwestern und Brüder,
uns zu erschreckendem Gedenken.

W. H.

Edith Stein
Es sind die,
die aus der Bedrängnis kommen (Offb 7)

Ein seltsames Paar – der Minderbruder Franz von Assisi mit Frau Armut! Er im braunen Sackgewand, sie im alltäglichen Grau – wahrlich keine Garderobe für ein Fest in gehobener Gesellschaft. Das hat der Troubadour bereits hinter sich gelassen: die Feiern im Kreis der Gleichgesinnten, das Sich-leisten-Können, wonach das Herz begehrt. Franziskus hat seine Braut gefunden: die Armut. Mit ihr zusammen tanzt er heraus aus dem Schöpfungsmorgen, mit ihr zusammen erfährt er die liebende Zuneigung des Schöpfers zu seinen Geschöpfen.

Vier Hände finden sich: solidarisch ineinandergelegt – Hand in Hand – und gleichzeitig erhoben zum Lobpreis in der Offenheit und Verletzbarkeit. »Behaltet nichts von euch für euch fest, damit euch als Ganze aufnehme, der sich euch ganz hingibt!« So schreibt Franziskus an den Orden.

»Sie hielten ihr Leben nicht fest« (Offb 12). Festhalten macht unbeweglich, festhalten macht unfrei. Franz hält sich fest an der Armut, er hat sie zum Tanz aufgefordert, sie angenommen, weil er anderes aus den Händen gegeben hat. Da tanzen sie zwischen Blüten und Blättern, zwischen dem geschriebenen Wort, das Fleisch wurde, und den Notenblättern mit dem Choral »Veni Sancte Spiritus«: »Komm, Heiliger Geist«. Der Geist ist es, der lebendig macht. Die Dynamik des Christen, davon ist Franz überzeugt, kommt aus der Armut. Wenn Gott Mensch wird, gibt er sich vom ersten Augenblick der Armut hin. Er verläßt die Herrlichkeit Gottes, um sich auf die Seite des Menschen zu stellen.

Franz ist tief ergriffen von dem Geheimnis der Menschwerdung: »Ihr wißt, was Jesus Christus, unser Herr, in seiner Liebe getan hat: Er, der reich war, wurde unseretwegen arm, um uns durch seine Armut reich zu machen« (2 Kor 8,9). Franziskus schaute auf das, was Jesus Christus war und tat, und beschloß, seinen sozialen Status aufzugeben. Er gab den Ort auf und bestimmte den neuen, mit dem er sich identifiziert, unter den Armen und Aussätzigen. Sie nannte er liebevoll »meine Schwestern und Brüder« in Christus. Sie wurden ihm zum Sakrament Christi. Im 9. Kapitel der nichtbullierten Regel mahnt Franziskus die Brüder: »Sie müssen sich freuen, wenn sie mit gewöhnlichen und verachteten Leuten verkehren, mit Armen und Schwachen und Aussätzigen und Bettlern am Wege.« Die Armut ist für ihn ein Weg zur Identifikation mit Jesus. Nackt wollte er dem nackten Christus folgen. Der konkrete Arme und der arme Christus bilden für Franz die Kriterien zur wahren Armut. Er hat nie abstrakt von der Armut gesprochen. Er geht einen heiligen Bund mit ihr ein. Mit ihr wagt er zu tanzen. In der Armut bindet er sich an den Menschen und an Gott. Sie ist seine innere Haltung, mit der er auf Gottes Liebe und Treue antwortet. Nachfolge als Bewegung, als Tanz!

So ist Franz mit seiner Braut Armut, dieses tanzende Paar, ein Ausdruck des ganzen Menschen vor dem guten Gott. Es ist Annahme und Antwort auf Gottes Schöpferwort. Es zeigt Zärtlichkeit und Zuneigung, Lebensfreude und Einheit. *P. L.*

Franziskus tanzt mit Frau Armut
Glasfenster Heilig Geist, Ellwangen
Sie hielten ihr Leben nicht fest (Offb 12)

Was denn das »himmlische Jerusalem« sei? In einem Wort gesagt: Das Inbild der Schöpfung, das Gott seit Ewigkeit in sich birgt, Urbild und zugleich Erfüllung dessen, wovon der irdische Tempel und sein unzugängliches Allerheiligstes Nachbild und Verheißung war.

Im »neuen Himmel und der neuen Erde« wird nun offenbar, was wir nur zu leicht übersehen: Die ur- und hintergründige Ordnung, die – durch Gott verbürgt – die Welt trägt und über dem Abgrund hält. Eine Spur von ihr zeigt sich in der Zwölfzahl: In ihr verbindet sich die Drei des Göttlichen mit der Vier der Schöpfung. Zwölf Monate sind der »Rahmen«, der die Zeit hält. Zwölf Himmelsrichtungen ordnen den Raum und sind ein Hinweis in Richtung Himmel. Das ordnende Gleichmaß stellt sich uns auch vor Augen in der kristallinen Struktur der Stadt, die aufblitzt in den Edelsteinen. Eine Stadt im Quadrat. Nimmt man zur Fläche ihre Höhe dazu, dann ist sie ein Raumwürfel von höchster Kostbarkeit, geprägt von Präzision und mathematischer Regel.

Was vollkommen ist, läßt sich indes nicht in einem einzigen sprachlichen Bild zur Genüge ausdrücken. Ein zweites, gegenläufiges tritt ihm versöhnend zur Seite: Die Stadt ist wie eine Braut. Warum wie eine Frau? Weil Gott am Beginn der Geschichte Eva »gebaut« hatte (Gen 2,22), die »Mutter aller Lebendigen« (Gen 3,20). Doch was da, auf einer der ersten Seiten der Bibel, noch Verheißung war und ein Versprechen auf Zukunft hin, wird nun auf einer ihrer letzten Seiten zur Realität. Eine Braut, die sich schön gemacht hat für den, der »Alpha und Omega« ist (Offb 21,6; vgl. 1,8): Die Menschheit und ihr Herr finden zusammen im Mysterium bräutlicher Liebe. Was im »schönsten der Lieder Salomons« angelegt war (vgl. Bild S. 77) erfüllt sich nun.

Die himmlische Stadt kommt nieder. Der Himmel wird geerdet (Wilhelm Willms). Endlich »entsteht in der Welt etwas, das allen in die Kindheit scheint und worin noch niemand war: Heimat« (Ernst Bloch).

Es ist noch nicht so weit. Auf der Erde gibt es das Meer noch. Ein nicht unerheblicher Rest der alten Urflut des Chaos ist noch da (Gen 1,2). Die Unordnung treibt ihr Unwesen, bis auf den heutigen Tag.

Aber der Seher sitzt auf dem hohen Berg wie einstens Mose auf dem Nebo (Dtn 34) oder wie der Prophet Ezechiel, den Gott dem Elend der Verbannung entrückt und den neuen Tempel zeigt (Ez 40,1f.). Johannes sieht die heilige Stadt. Aber er ist noch nicht in ihr.

Trotzdem ist er schon getröstet. Er hat zwar den Streit und die Auseinandersetzung noch vor sich. Die große Bedrängnis steht erst an; sie ist noch nicht bestanden. Aber er nimmt sie auf sich in Ruhe und Frieden. Denn er hat schon das Ende gesehen. Da hat die Liebe das Sagen, nicht mehr der Krieg. Da wird der Himmel sein wie Dantes Blume der Liebenden, die Rose. Ihren Duft riecht er schon. Jetzt schon! *E. St.*

Ich sah das neue Jerusalem
wie eine Braut (Offb 21)

Nach dem Eintritt in die Kathedrale von Chartres steht man vor einem großen Labyrinth, gewöhnlich ein Sinnbild für die Mühsal des Lebens, für verschlungene Wege, Ausweglosigkeit und Tod. In einem christlichen Labyrinth aber wie hier kann man alle Wege ausschreiten, auch wenn man meint, es gehe nicht weiter. Denn über der Waagrechten des Labyrinths erheben sich in der Senkrechten die Rosen, Sinnbild für menschliche Beziehung, Freundschaft, Liebe. Letztlich freilich sind es sterbliche Rosen.

Für den Christen ist der Rückhalt und die Hoffnung noch eine andere Rose. Sie weist ins Unendliche – wie hier die »Westrose« von Chartres. Der Westen ist die Seite des Todes. Im Westen geht die Sonne unter. Vom Westen her fällt aber auch das Licht in die Kathedrale. Es kommt von »draußen«, nach mittelalterlicher Symbolik, vom Jenseits. Dort kommen alle unsere Wege einmal ans Ziel, wenn uns das ewige Licht leuchtet in der Herrlichkeit Gottes.

Kathedralen sind ein Lobpreis auf den Dreifaltigen Gott. Der Maler versteht dieses Bild deshalb auch als eine Doxologie auf den Namen des Vaters und des Sohnes und des Heiligen Geistes.

»Ehre sei dem Vater.« Auf ihn könnte das große Labyrinth am Eingang in das Heiligtum hinweisen. Geheimnisvoll, undurchschaubar und doch voller Anziehungskraft. Beängstigend und faszinierend zugleich – wie Gott! Ist er nicht auch geheimnisvoll wie ein Labyrinth?

»Ehre sei dem Sohn.« Der Blick fällt auf den Rosenstrauß. Er kommt einem geradezu entgegen. Man kann ihn anfassen. Gestalt-gewordene Zuneigung, Liebe, Leben – wie der menschgewordene Gottessohn, der uns liebt »bis zum äußersten« (Joh 13).

»Ehre sei dem Heiligen Geist.« Das Licht des Geistes leuchtet und strahlt in der »Westrose« von Chartres. Es erleuchtet die Dunkelheit unseres Verstandes und Herzens und führt uns zum wahren Licht Christus, der in der Mitte der Rosette als erbarmender Richter erscheint.

»Wie im Anfang.« Da war das Labyrinth: der Weg und das Suchen, die Angst und das Abenteuer, das Geheimnis, die Nacht. Am Anfang war Gott, der Vater und Schöpfer.

»So auch jetzt.« Grüne Blätter, rote Rosen, das Leben, die Liebe. Der Sohn – mitten unter uns. Als Mensch, als Bruder, als Freund. Hier an diesem Ort. Heute!

»Und allezeit und in Ewigkeit.« So kündet die »Westrose«. Durch den Stein hindurch scheint das Licht der Abendsonne, Strahlen der Ewigkeit. Der Tod hat keine Macht mehr. Die Liebe ist stärker.

»Amen«: So ist es. So sei es! *T. S.*

Labyrinth und Rose
Gott wird über ihnen leuchten (Offb 22)

Mitarbeiterinnen und Mitarbeiter

Norbert Arntz
Pfarrer, Greven

Rolf Baumann
Professor, Reutlingen

Eleonore Beck
Theologin, Tübingen

Gertrud Casel
Psychologin, Düsseldorf

Angelika Daiker
Pastoralreferentin, Stuttgart

Bernhard Ehler
Regens, Augsburg

Heribert Feifel
Pfarrer, Stuttgart

Klaus Gouders
Lehrer, Vettweiß-Disternich

Wolfgang Gramer
Ordinariatsrat, Hirrlingen

Sr. Waltraud Herbstrith OCD
Edith-Stein-Karmel, Tübingen

Susanne Herzog
Pastoralreferentin, Esslingen

Heinz-Peter Janßen
Pfarrer, Bensberg

Walter Kasper
Bischof, Rottenburg

Thomas Keller
Pfarrer, Ulm

Herbert Leroy
Professor, Augsburg

Sr. Paulin Link
Franziskanerin, Reute

Erwin Mock
Theologe und Pädagoge, Aachen

Hans Nagel
Pfarrer, Esslingen

Paul Rathgeber
Archivar, Calw

Theo Schmidkonz SJ
Priesterseelsorger
Krumbach-Krumbad

Eberhard Schockenhoff
Professor, Freiburg

Martha Sonntag
Theologin, Psychotherapeutin
Tübingen

Hermann Sorg
Lehrer, Hohenberg

Ernst Steinhart
Pfarrer, Köngen

Clemens Stroppel
Subregens, Rottenburg

Wolfgang Tripp
Pfarrer, Esslingen

Silja Walter
Schriftstellerin
Benediktinerin im Kloster Fahr

Gertrud Widmann
Lektorin, Esslingen

Sieger Köder

Am 3. Januar 1925 in Wasseralfingen geboren.

1931–1935	Volksschule in Wasseralfingen
1935–1943	Gymnasium Ellwangen/Jagst
1943–1945	Arbeitsdienst, Wehrmacht, Gefangenschaft
1946–1947	Staatliche Höhere Fachschule für Edelmetalle Schwäbisch Gmünd: Ziselieren und Silberschmieden
1947–1951	Kunstakademie Stuttgart: Zeichnen, Werkklasse, Malen, Kunstgeschichte
1951–1952	Universität Tübingen: Anglistik
1953	Referendarjahr in Stuttgart
1954–1965	Kunsterzieher am Schubart-Gymnasium Aalen
1965–1970	Universität Tübingen und München: Katholische Theologie
1971	Priesterseminar Rottenburg
1971	Priesterweihe
1971–1975	Vikar in St. Maria Suso, Ulm a. D.
1975–1995	Pfarrer in Hohenberg und Rosenberg

Verzeichnis der Bilder

Seite 6

Tolle lege –
Nimm und lies

Seite 11

Schöpfung
Glasfenster Hohenberg
Im Anfang schuf Gott den Himmel und die Erde (Gen 1)

Seite 13

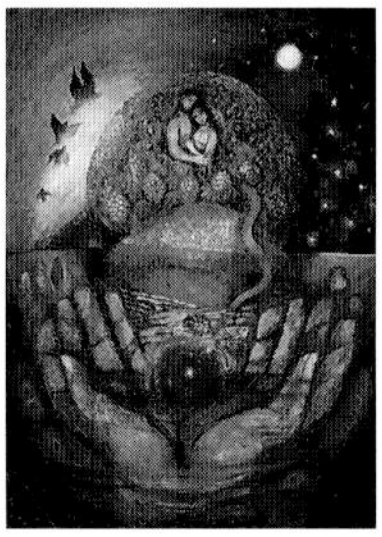

Schöpfung
Und Gott sah alles an, was er gemacht hatte, und es war sehr gut (Gen 1)

Seite 15

Sintflut
Am Abend kam die Taube wieder (Gen 8)

Seite 17

Abraham. Die Nacht von Hebron
Schau zum Himmel hinauf und zähle die Sterne (Gen 15)

Seite 19

Abraham bei den Eichen von Mamre
Wasseralfinger Altar
Da standen drei Männer vor ihm (Gen 18)

Seite 21

Da lachte Sara (Gen 18)
Wasseralfinger Altar

Seite 23

Jakobs Traum
Da träumte ihm, eine Leiter sei auf die Erde gestellt (Gen 28)

Seite 25

Ich bin Josef, euer Bruder (Gen 45)

Seite 27

Jakobs Kampf am Jabbok
Mit Gott und Menschen hast du gestritten (Gen 32)

Seite 29

Josef im Brunnen
Sie ergriffen ihn und warfen ihn in die Zisterne (Gen 37)

Seite 31

Mose am Dornbusch
Ich bin der ich bin da (Ex 3)

Seite 33

In dieser Nacht gehe ich durch Ägypten (Ex 12)
Wasseralfinger Altar

Seite 35

Mirjam
Mirjam nahm die Pauke in die Hand (Ex 15)

Seite 37

Da sagten sie zueinander: Manna? Was ist das? (Ex 16)

Seite 39

Das Gesetz vom Sinai
Und er übergab ihnen alle Gebote (Ex 34)

Seite 41

Ein Stern geht auf aus Jakob (Num 24)
Wasseralfinger Altar

Seite 43

Rut
Glasfenster Hohenberg
So sammelte sie auf dem Feld bis zum Abend (Rut 2)

Seite 45

David
Glasfenster Hohenberg
Und David tanzte vor dem Herrn her (2 Sam 6)

Seite 47

Elija
Dort setzte er sich unter einen Ginsterstrauch (1 Kön 19)

Seite 49

Elija am Horeb
Nach dem Feuer kam ein sanftes, leises Säuseln (1 Kön 19)

Seite 51

Ijob
So gib mir Antwort (Ijob 33)

Seite 53

Da wurden sichtbar die Tiefen des Meeres (Ps 18)

Seite 55

Mit meinem Gott überspringe ich Mauern (Ps 18)

Seite 57

Mein Gott, mein Gott, warum hast du mich verlassen? (Ps 22)
Glasfenster Hohenberg

Seite 59

Du deckst mir den Tisch (Ps 23)

Seite 61

Friedhof
Wie ein Schatten geht der Mensch dahin (Ps 39)

Seite 63

Don Quijote
Weise sterben, genauso gehen Tor und Narr zugrunde (Ps 49)

Seite 65

Ich will das Morgenrot wecken (Ps 57)

Seite 67

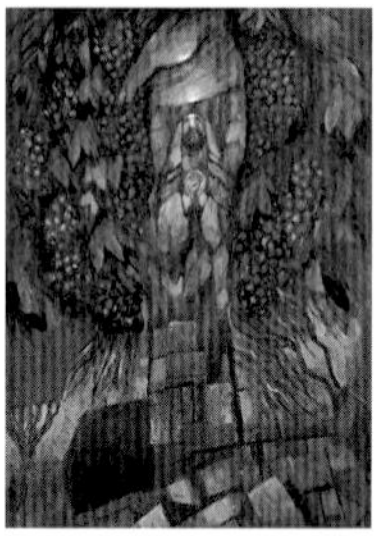

Du hobst in Ägypten einen Weinstock aus (Ps 80)

Seite 69

Ich liege wach, und ich klage wie ein einsamer Vogel auf dem Dach (Ps 102)

Seite 71

Brot von der Erde und Wein, der das Herz des Menschen erfreut (Ps 104)

Seite 73

Der Mund kann lachen, wenn das Herz auch traurig ist (Spr 14)

Seite 75

Mülleimer
Alles ist nichtig und wie ein Haschen nach Wind (Koh 1)

Seite 77

Vollendung
Glasfenster Heilig Geist, Ellwangen
Das schönste der Lieder Salomos

Seite 79

Draußen steht er an der Wand unsres Hauses (Hld 2)

Seite 81

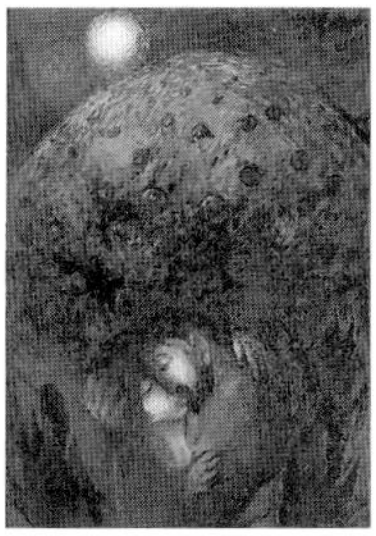

Unter dem Apfelbaum habe ich dich geweckt (Hld 8)

Seite 83

Vogelscheuche
Alles Fleisch zerfällt wie ein Kleid (Sir 14)

Seite 85

Berufung des Jesaja
Das hier hat deine Lippen berührt (Jes 6)

Seite 87

Synodenrose Diözese Rottenburg-Stuttgart
Ein Reis wird hervorgehen aus dem Stumpf Isais (Jes 11)

Seite 89

Vision des Jesaja
Der Säugling spielt vor dem Schlupfloch der Natter (Jes 11)

Seite 91

Ich habe dich eingezeichnet in meine Hand (Jes 49)
Rosenberger Altar

Seite 93

Ihre Kinder wird man auf den Knien schaukeln (Jes 66)

Seite 95

Jeremia
Da ließ er ihn schlagen und in den Block spannen (Jer 20)

Seite 97

Rahel weint um ihre Kinder (Jer 31)
Rosenberger Altar

Seite 99

Ezechiel
Brich ein Loch durch die Wand (Ez 12)

Seite 101

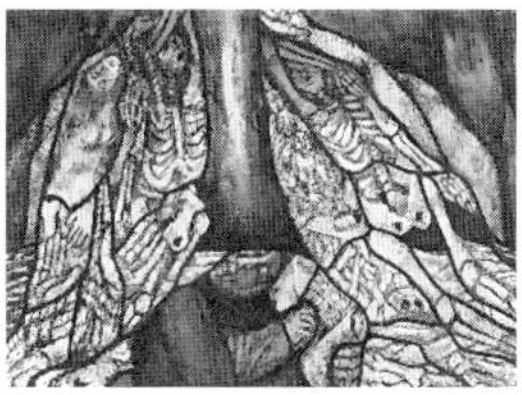

Vision des Ezechiel
Glasfenster Heilig Geist, Ellwangen
Können diese Gebeine wieder lebendig werden? (Ez 37)

Seite 103

Betlehem-Efrata, aus dir wird einer hervorgehen (Mi 5)
Wasseralfinger Altar

Seite 107

Stamm-Mütter
Glasfenster St. Moriz, Rottenburg
Stammbaum Jesu Christi, des Sohnes Davids, des Sohnes Abrahams (Mt 1)

Seite 109

Wir haben seinen Stern gesehen (Mt 2)

Seite 111

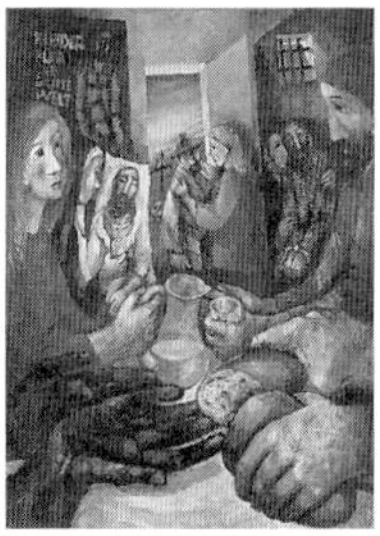

Ihr habt mir zu essen gegeben (Mt 25)

Seite 113

Gebt ihr ihnen zu essen (Mt 14)

Seite 115

Am Ölberg
Meine Seele ist zu Tode betrübt (Mt 26)

Seite 117

Verleugnung
Ich kenne den Menschen nicht (Mt 26)

Seite 119

Verurteilung
Kreuzweg Bensberg
Ich bin unschuldig am Blute dieses Menschen (Mt 27)

Seite 121

Simon von Cyrene
Kreuzweg Rosenberg
Ihn zwangen sie, Jesus das Kreuz zu tragen (Mt 27)

Seite 123

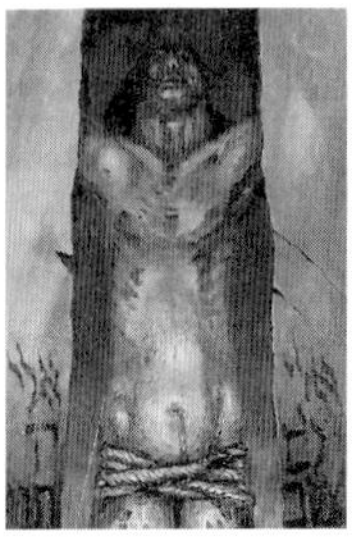

Mein Gott, mein Gott, warum hast du mich verlassen? (Mt 27)
Kreuzweg Rosenberg

Seite 125

Der Gang zum Grab am Ostermorgen
Wasseralfinger Altar
In der Morgendämmerung des ersten Tages (Mt 28)

Seite 127

Johannes der Täufer
Bereitet dem Herrn den Weg! (Mk 1)

Seite 129

Das Mahl mit den Sündern
San Pastore bei Rom
Wie kann er zusammen mit Zöllnern und Sündern essen? (Mk 2)

Seite 131

Sturm auf dem See
Habt ihr noch keinen Glauben? (Mk 4)

Seite 133

Verklärung
Er wurde vor ihren Augen verklärt (Mk 9)

Seite 135

Karfreitagabend
Rosenberger Altar
Dieser Mensch war Gottes Sohn (Mk 15)

Seite 137

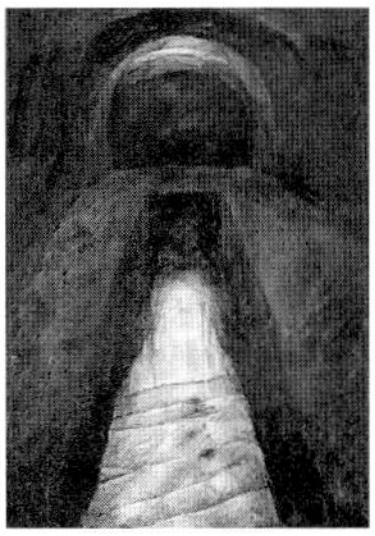

Jesus ist ins Grab gelegt worden
Kreuzweg Rosenberg
Dann wälzte er einen Stein vor den Eingang des Grabes (Mk 15)

Seite 139

Heimsuchung
Gesegnet ist die Frucht deines Leibes (Lk 1)

Seite 141

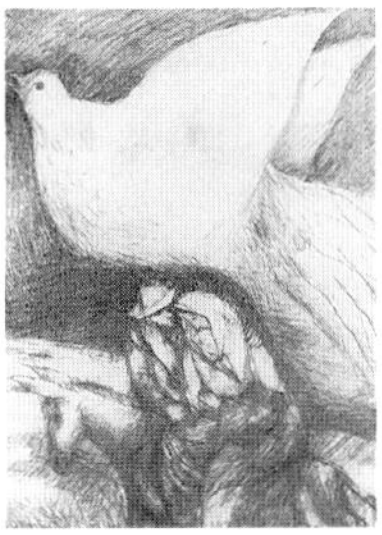

Unterwegs nach Betlehem
Hinauf nach Judäa in die Stadt Davids (Lk 2)

Seite 143

Geburt Jesu
Rosenberger Altar
Und sie gebar ihren Sohn (Lk 2)

Seite 145

Stammbaum Jesu
Alle Menschen werden das Heil sehen (Lk 3)

Seite 147

Der verlorene Sohn
Dein Bruder war tot und lebt wieder (Lk 15)

Seite 149

Der gute Hirte
Freut euch, ich habe mein Schaf gefunden (Lk 15)

Seite 151

Zachäus
Heute ist diesem Haus das Heil geschenkt (Lk 19)

Seite 153

Abendmahl
Das ist mein Leib (Lk 22)

Seite 155

Veronika
Kreuzweg Rosenberg
Frauen, die um ihn klagten (Lk 23)

Seite 157

Der vorletzte Blick Jesu
Kreuzweg Bensberg
Dort kreuzigten sie ihn (Lk 23)

Seite 159

Auf dem Weg in ein Dorf namens Emmaus (Lk 24)
Rosenberger Altar

Seite 161

Emmaus
Rosenberger Altar
Sie erkannten ihn; dann sahen sie ihn nicht mehr (Lk 24)

Seite 163

Und das Wort ist Fleisch geworden (Joh 1)

Seite 165

Die Frau am Jakobsbrunnen
Ich bin es, der mit dir spricht (Joh 4)

Seite 167

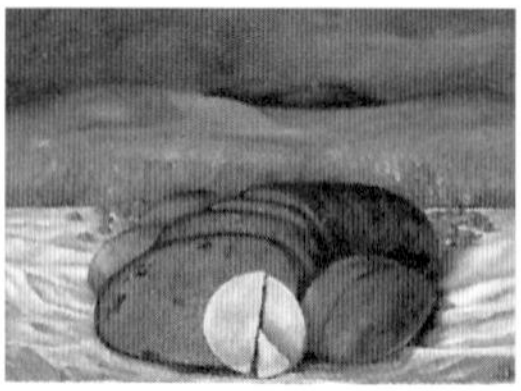

Brotrede
Ich bin das Brot (Joh 6)

Seite 169

Die Ehebrecherin
Wer ohne Schuld ist (Joh 8)

Seite 171

Fußwaschung
Ich habe ihnen ein Beispiel gegeben (Joh 13)

Seite 173

Er trug sein Kreuz (Joh 19)
Kreuzweg Bensberg

Seite 175

Das Gewand Jesu
Sie teilten meine Kleider unter sich (Joh 19)

Seite 177

Maria von Magdala am Grab
Jesus sagte zu ihr: »Maria« (Joh 20)

Seite 179

Am Abend des Ostertages
Empfangt den Heiligen Geist! (Joh 20)

Seite 181

Ostermorgen am See
»Es ist der Herr« (Joh 21)

Seite 183

Petrus
Glasfenster Hohenberg
Ein anderer wird dich binden und dich führen, wohin du nicht willst (Joh 21)

Seite 185

Pfingsten
Ich werde von meinem Geist ausgießen (Apg 2)

Seite 187

Saulus stürzt vom Pferd
Wasseralfinger Altar

Seite 189

Schöpfung
Glasfenster Heilig Geist, Ellwangen
Auch die Schöpfung soll befreit werden zur Freiheit und Herrlichkeit (Röm 8)

Seite 191

Wurzel Jesse
Wasseralfinger Altar
Kommen wird der Sproß aus der Wurzel (Röm 15)

Seite 193

Narrenschiff
Hat nicht Gott die Weisheit der Welt zur Torheit gemacht? (1 Kor 1)

Seite 195

Wir sind zum Schauspiel geworden für die Welt (1 Kor 4)

Seite 197

Paulus schreibt nach Korinth
Glasfenster Heilig Geist, Ellwangen
Es gibt verschiedene Gnadengaben, aber nur den einen Geist (1 Kor 12)

Seite 199

Das Glaubensbekenntnis
Glasfenster Heilig Geist, Ellwangen
Die Gnade Jesu Christi, die Liebe Gottes und die Gemeinschaft des Heiligen Geistes (2 Kor 13)

Seite 201

Das offene Fenster
Andere zu Hirten und Lehrern (Eph 4)

Seite 203

Kirchengeschichte
Sehet zu, daß ihr als Weise die Zeit auskauft (Eph 5)

Seite 205

Philipperhymnus
Er nahm Knechtsgestalt an und den Menschen ähnlich (Phil 2)

Seite 207

Petrus-Siegel
Simon Petrus, Knecht und Apostel Jesu Christi, an alle (1 Petr 1)

Seite 209

Ich bin das Alpha und das Omega (Offb 1)

Seite 211

Edith Stein
Es sind die, die aus der Bedrängnis kommen (Offb 7)

Seite 213

Franziskus tanzt mit Frau Armut
Glasfenster Heilig Geist, Ellwangen
Sie hielten ihr Leben nicht fest (Offb 12)

Seite 215

Ich sah das neue Jerusalem wie eine Braut (Offb 21)

Seite 217

Labyrinth und Rose
Gott wird über ihnen leuchten (Offb 22)

Textnachweis
Die Texte von Herbert Leroy auf den Seiten 100, 188, 196 und 198 sind aus: Sieger Köder/Herbert Leroy, Und mit deinem Geist. Die Fenster der Heilig-Geist-Kirche in Ellwangen, Kirchengemeinde Hl. Geist, Ellwangen 1992.

Fotonachweis
Foto Baur, Aalen: S. 11, 29, 37, 77, 101, 127, 129, 189, 197, 199, 203, 213. Alle übrigen Fotos und Bilddaten: Schwabenverlag AG, Ostfildern.

Abbildungshinweis
Von den 107 Motiven des Werkes *Die Bibel. Mit Bildern von Sieger Köder* sind hier 104 vorgestellt und erschlossen. Reihenfolge und Auswahl entsprechen den Dia-Serien zum Alten Testament (48 Dias) und zum Neuen Testament (56 Dias).